著者近影

第110回全日本剣道演武大会（京都大会）で太田忠徳範士と立合う

平成15年二十士沖縄稽古会（平成２年八段合格者20人の会）

昭和60年頃、荒木又右ェ門記念大会にて雖井蛙流平法の形を演武する筆者（左）。仕太刀は山根国弘

鳥取東高校 3 年生次。前列中央が岩本温親先生、その左が筆者

大学卒業時、父母と。父哲明（剣道範士）は武専19期

大学２年次に西日本医科大学学生剣道大会優勝。優勝カップを手にするのは松井啓介部長

昭和60年地元鳥取国体で監督を務める。総合優勝を飾る

取大学医学部剣道部ＯＢ会にて。現役部員は30名近くおり、毎年ほとんど変動がないという

平成26年日本武道学会剣道部会にて「脳を活性化させる剣道」という演目で講演

平成８年広島国体審判団

全日本医師剣道大会のひとコマ（年代不明）
前列中央が後輩で将来が嘱望されていた横関保彦氏

日頃の散歩コースになっている鳥取砂丘

免疫力学力向上・老化予防

# 脳を活性化させる剣道

湯村正仁

はじめに

# 剣道を通じ、心身一如の思想を世界に広めれば平和になる

十三世紀ごろ騎士団が国を支配していた時代がある国、旧ソヴィエト連邦に含まれ一九九〇年に独立した、ラトヴィア共和国という国があります。人口は二百三十万人（ラトヴィア中央統計局二〇〇五年時点）の北海道より小さな国です。首都リガ市の旧市街は世界文化遺産となっていて、バルト海の真珠といわれ、世界一美しい国です。

わたしたちは、NPO国際社会人剣道クラブのメンバーを中心に、二十名程度のグループで、定期的にこの国に剣道の指導に行っています。この国の国防大臣は日本の武士道を導入することによって、騎士道精神を復活することを目指していました。丁度日本の明治維新を思い起こさせる熱気がみなぎっていることを実感しました。彼は空手の有段者であり、早くからヨーロッパに伝わっていた空手を学んでいたのです。

この国のようにヨーロッパでは日本の武道が見直されており、例えばフランスの柔道人口は日本の三倍あるということです。剣道の指導に訪欧するまで、私は世界における剣道

その他の武道の実情を全く知らなかったのです。ヨーロッパのみならず、日本の各種武道の愛好者は世界中にいます。しかし、剣道は外国の人々にとって、理解し難い武道であり、最も出遅れていることを後になって知ったのです。世界の国々が武士道精神に求める考え方とは一体何でしょうか。

西洋哲学ではデカルトの物心二分論以来、心という非合理で主観的な世界のことは神や教会に預け、日常生活は合理的な物質主義に徹するという西欧的な文明の中に、今日の文明の危機の根源があるのです。それに気づき、この反省に立って、人間を包んで宇宙的な広がりを持つ、「かくされた秩序」への気づき（意識の拡大）を目指す東洋的「理性の宗教」が持つ真価が世界に見直されているのです。

東洋思想の根本である物心一如の全人的体験の代表として武道は期待されているのです。わたしたちは武道の一つである剣道を通じ、心身一如を世界に発信していきたいと思っています。

農耕民族は、自然の中から食料を採取していて、自然とともに生き、自己も自然の一部と考えることができます。狩猟によって食料を獲得しなければならない狩猟民族との違いです。天地自然の恩恵を肌で感じ、自然と宇宙のリズムに従って生きることを知っています。

人の生命は、万物と同じように宇宙の流れの一部であって、人の死は自然に帰るのみであることを知っています。日本では山川草木すべてに神性を認めます。そのように自然に生きることを当たり前としている日本人にとって、渡来仏教の一つである禅の教えはすんなりと人々に受け入れられ、生活の中にしみこんでいます。特に鎌倉武士にとって武士の生き方を支える基盤となっていました。

元来、禅は意志の宗教であって、哲学的より道徳的に武士精神に訴えるものであったの

平成26年ラトヴィア文化交流使節団。剣道、居合道、杖道、薙刀道、古流剣術（二天一流、柳生新陰流）、古流杖道、心傳流柔術、鎖鎌術、書道、金剛流能、藤間流日本舞踊、囲碁の総勢50人

です。これが発展して、日本の武士道となり、武士のみならず日本人の全ての人々の生き方、考え方の基盤となっています。そこでは生死を超えた価値あるものが規定されてきました。それは如何に生きるか、如何に死ぬかという問題です。心身一如はここに根差しています。

日本人には当たり前の考え方のはずです。特に剣道は、「死」を前提として成立しているので、心身一如をより身近に親しみやすいものと考えています。

新渡戸稲造は著書「武士道」の中に、欧米人に理解できる解説を書いています。

元来、狩猟民族であり、宗教・哲学等二元論の考え方が当たり前となっている西欧の人々には、東洋の一元論の世界はなじめないものでしょう。少なくとも東洋思想に憧れ、理解したいと考えて剣道に取り組んでいる欧米の人たちに対して、彼らが理解できる言葉で、接する必要があります。

平成二十七年、オーストリア訪問の前日にハンガリーを訪れ、阿部哲史氏と会いました。彼はこの地で永年剣道を指導していて、剣道国際化に向けての諸問題をよくまとめています。

彼の言によれば、「欧米における武道の人気は非常に高く、武道の愛好者の多くが競技スポーツとしても勿論ではあるが、武道の有する日本文化的な要素に価値を見出そうとする傾向が強い。

剣道を行う日本人には、日本文化の伝統性に由来する、独特な技術観があり、それが、異文化として剣道に接する人々の指導方法や理論に対する理解を困難にしている。

柔道・空手は見た目にはっきりと優劣がつけられ、用具の簡便さ、熱心な普及活動によって早くからヨーロッパで愛好者が増えていた。剣道はその難解さゆえに容易に浸透しなかったと思われる」。

私は、岡山在住の医師剣道家である小倉肇氏からドイツ留学当時（昭和四十年代）、見聞きしたドイツの剣道事情を聞いていました。それによると、ドイツで剣道に取り組んでいるのは哲学者・心理学者などで東洋哲学を研究している人たちであったということです。生死を超えた絶対的境地を知るには剣道が最適であることを知っていたのです。

すでにヨーロッパでは、鈴木大拙師が日本の禅の思想を広めていました。オイゲン・ヘリゲルは仙台の地で教鞭をとる傍ら、阿波研造師に弓道の指導を受け、禅にいう「無心」を体験したといいます。彼の著書により、武道の持つ深遠さが有識人には知られていたのです。

剣道の国際化に向けて、世界が剣道に期待するものは日本独自の剣道文化、ではすでに物足りなく、禅に通じる武道が求められていたのです。

オイゲン・ヘリゲルは著書「日本の弓術」の中に次のように書いています。

『いわゆる悟りを開くのは、つねに比較的少数の人間に限られているので、仏教の作用はもちろん直接ではなく、いろいろの術を仲介としてである。(中略)これらの術を会得すれば、平然としていても心に隙がなく、無心に行動しても意志が最後まで持ち耐えられ、無私な態度の中にも自己が確実に保たれるようになる、という見解がしばしば主張されるが、それは確かにその通りである。(中略)無私の態度はヨーロッパ人の自己崇拝と異なり、日本人の精神生活にとって見極めのつかないほどいちじるしいものであるが、これさえも一概に仏教の成果と見ることはできない。この根元は元来日本の民族精神の中に求めるべきものであり、しかもこれは自然並びに歴史によって規定され、仏教と接触しない以前からすでに力づよい動きを見せていたのである。(中略)日本人にとっては、己れの民族の既成の秩序になんの摩擦もなしに順応するのは当然のことであるのみならず、その秩序のためには自己の生存さえ泰然として犠牲にし、しかもそのために仰々しく騒ぎ立てられる

写真提供・月刊武道

ことはない。（中略）仏教ならびにすべて真の術の錬磨が要求する沈思とは、単純に言うならば、現世および自己から訣別ができ、無に帰し、しかもそのためにかえって無限に充たされることを意味する。これが幾度も修練され、実際に経験されるならば、そして、決定的に理解された思想としてではなく、意識的に持ち出された決意としてでもなく、非有の中の現実の有として生きられるならば、これは死をも、また意識しながら死んで行くことも、沈思そのものに対するように少しも恐れない自若とした落ち着きを生み出す。（中略）ここにかの武士道精神の根元がある。』

剣道を国際交流の場で正しく普及させるにはこのように早くから剣道の理想像を知って取り組んでいる有識者と手を取り合っていかなければならないと思います。更に剣道を新興国に広めていくには、はっきりとこの思想を伝えたうえで、術理に反映させていかなければなりません。これが競技性にはしる剣道に対する唯一の対策です。

このことは、西洋より日本において先ず徹底していくべきかもしれません。それだけ、今の日本の剣道は競技志向となっているからです。世界の剣道のリーダーとしての誇りをもって、剣道のさらなる精神性を示していかなければ、阿部氏の危惧するように、どこかの国に剣道の主導権を持っていかれることになるでしょう。

「日本の伝統文化」という言葉には日本のエゴイズムが感じられ、他の国々の反発を受けるもとになります。幸いなことに、剣道は昔武士達が命懸けで作りあげ、理論化した技術・思想が書物として残されています。行きつく絶対的境地は、「無心」あるいはそれに類する言葉で呼ばれます。この貴重な経験に則り、私達は少しでもそれに近づきたいと願って剣道に取り組んでいるのです。

私は剣道の専門家ではありません。医師として剣道を愛好しながら、その深遠に魅せられ取り組んでいます。脳の機能にしても本の生噛りの知識しかありませんが、剣道によって脳が活性化されることを身をもって知っています。その根拠を知りたくなり、書物を紐解きまとめてみました。

脳を活性化させる剣道／目次

# 第一章

# 剣道とは

剣道の理念

## 勝ち負けよりも人間形成

「剣の理法の修錬による人間形成の道である」

財団法人全日本剣道連盟は昭和五十年「剣道の理念」をこのように定めました。剣道の何が人間形成に役立つのか、どのような人間を目指しているのか。「剣道修錬の心構え」には「広く人類の平和繁栄に寄与せんとするものである」と最後に書かれています。一体なぜこの言葉が出るのでしょうか。

ご存知のように、剣道は竹刀を使って相手を如何に打つか！　これを課題として相手と争う、一種のスポーツとして捉えられています。一般のスポーツも人間形成に役立つことはいうまでもありません。スポーツは相手に勝つことを最大の目標としているのに対し、剣道をはじめとする武道は、最初から人間形成を最大の目標として修行するものです。勝ち負けはその途上の一過程と考えます。剣道を続けていれば立派な人格が養われるということでしょう。確かに過去にも現在も、剣道家として同時に人間として立派な人格者はたくさんいらっしゃいます。宮本武蔵は剣道の最高の指針を「五輪書」として書き残しています。明治維新は、若い時代に武道に打ち込んだ志士たちが、身命を賭した活躍によって成し遂げた、大事業であります。従って何かがあるはずです。

### 竹刀による剣道

## 刀の観念。心得は切られれば死ぬ

切られれば傷つく刀に替わって、打たれても傷つかない竹刀という道具の考案により、自由に相手と打ちあうことができるようになりました。それ以来剣道も次第にスポーツ的になってまいりました。しかしあくまで「竹刀」は「刀」であるという考え方をします。「切られれば死ぬ！」と心得て取り組むことによって、武道としての本当の意味が生じてまいります。

いわばいつでも死ぬ訓練をしているようなものです。「死」は哲学にとって最大の問題といってよいでしょう。竹刀を真剣と思って剣道に取り組むことは、日々生きた哲学を実践していることになります。

刀は相手を切るものでなく、自らの邪な心、弱い心、卑怯な心を切るものです。相手の間違いを指摘するものです。剣道の試合はその仮定のもとに試合規則が作られています。剣道の試合を見ていてわかりづらいのはこの見方の違いによるものです。最高の剣道の試合では、ご承知の「肉を切らせて骨を断つ」というような微妙な内容を表現するようになります。

ある年の全日本剣道選手権大会の決勝戦。先に仕掛けた選手の面が当たったように見えました。しかし、審判は全員、後で動き出し相手の竹刀を真直ぐ切り落とした、選手の面技に旗を挙げたのです。

高段者の試合になるほど無駄打ちがなくなります。「打つ」と「切る」の違いはここにあります。

世界の剣道

## 武道精神に徹した普及活動

世界の剣道人口は二百六十万人といわれ決して少なくありません。早稲田大学の西村龍太郎氏の調査では日本の剣道人口は百六十六万人、柔道は二十万人と報告しています。日本のスポーツ少年団の団体数ならびに団員数をみると剣道は第五位に位置し、決して少なくありません。剣道の世界選手権大会は一九七〇年以来、三年に一度開催されています。参加国は二〇一二年のイタリア大会では四十七か国でした。二〇一五年の東京大会では五十六か国・地域と増加しています。

それでもオリンピックの種目としないのは武道としての剣道に徹するとの思いであると信じています。前記のような微妙な技の判定は日本の高段者でなければ不可能でしょう。剣道のこのようなわかり難さが普及の障害になっているのです。この点が解決されなければオリンピックの種目にすることは無理です。

第16回世界剣道選手権大会東京大会開会式。56カ国・地域から参加があった

## 剣道で得られた私の実体験。学力と免疫力が向上した

さて、死ぬかもしれない立場に立って、死ぬことを恐れていたのでは既に死んだも同然です。死をも恐れず、敢然と死地に飛び込み、勇気をもって自分の持てる力を発揮するところに「生きる」機会があります。実際の竹刀を使った剣道の中で、強い相手に対して勇猛心を発揮し、全身全霊をもって敢然と打ち込んでいく勇気、相手をしっかり見据える冷静な心が養われます。

「死」という人間にとって最大のストレスにさらされても心を動かさず、それを撥ね返し自由に自分の持つ力を発揮するという「肚の座った」人間を作りあげる。その結果が人格を高めていくのでしょう。このような冷静な心と勇猛心の調和の先には、無心となって三昧の境地に遊ぶ人智を超えた素晴らしい世界があることを体験できるように思います。

大学生時代、同級生との暑中稽古の中で、相手が引き面を打ってきました。その動きがスローモーションに見え、この面打ちを抜き胴でかわしたことがあります。この時の不思議な体験が忘れられなくて、今日まで剣道を続けるきっかけになりました。その後同じよ

うな体験は時々経験していて、特に大事な試合になるほど実現しやすいようです。従って、試合をたくさん経験するほうがよいと私は思っています。

剣道の場だけでなく、勉強の場でも同じような経験をすることがあります。普通科高校合格が危ぶまれたほど成績が振るわなかった私ですが、高校入学を機に剣道を始めました。高校三年になって希望進路を医学部としました。が、担任教師は「何をばかなことを言う」と笑ってとりあってくれません。学年百番程度の成績ではとうてい無理とみられていました。最終学年の十月まで剣道に熱中し、いざこれから受験勉強という時、健康診断で結核の宣告、三か月の休学を余儀なくされたのです。

もっけの幸いとこの間家で受験勉強に取り組みました。雪の多い冬でしたが、机に正座して姿勢を正し、試験科目の教科書をはじめから読み通したのです。不思議なことにほとんどの問題にすらすらと答えが出てくるのです。三か月後の検診では結核の影は消え、実力テストは十位以内に入っていました。大学入学試験の結果は衆目を驚かすことになったのです。高校から始めた剣道が高い集中力を作っていたのです。

また、結核の影が消えてしまったことは、今思えば、剣道によってホメオスタシスが改善し、免疫力が上がった結果であることがわかります。病気休学に対して落ち込んでいたらこのような結果は得られなかったことでしょう。

このような体験を通して、得られる異常な体験はどのように判断したらよいのでしょう。私はこのような現象は、自分の脳が高速回転した結果ではないかと思うのです。これを「脳の活性化」の結果と、結論しました。

脳は、主に基本的な生命の営みを司る脳幹、食欲・性欲など動物的欲求を司る古い皮質そして人間らしい高等な知性の働き・感覚・運動などを司る新皮質の三つの部分に分けられます。文明が発達し、頭を働かせることの多い現代社会に生きる我々は新皮質の働きに依存しており、古い皮質・脳幹の働きは陰に隠れています。

脳の活性化の実体は、脳の三つの部分のバランスがとれて、人間の持っている本来の姿があらわれ、自己の持つ本当の能力が発揮されたと考えられます。すなわち、脳全体の働きが高められ、脳の各領域のバランスが取れている状態ではないかと思っています。そしてこのような状態はどのようにすれば起こりやすくなるかを考えてみました。

### 脳の機能に関する基本事項

## 姿勢を正し、呼吸・心を整え、自律神経の安定が脳機能を高める

脳は最大の酸素およびエネルギーの消費器官です。脳の機能を高めるには、呼吸・循環機能を高め、消化機能をよくして多量の酸素とエネルギー源であるブドー糖を脳に供給しなければなりません。

一方、脳の情報伝達は一種の電気信号の伝達と考えれば、それに伴って熱が発生します。脳の冷却機能を保つことも必要です。目・耳・鼻・舌・皮膚等の感覚器から入る刺激に反応して効果器である筋肉に指令が伝達されるには、多くの神経核・領域の間で信号のやり取りが絶え間なく発生しています。効果的に運動能力を発揮するには、感覚器に入る刺激は単純であるほど信号のやり取りは少なくて済み、反応はそれだけ早くなるはずです。

感覚器官の刺激のうちで最も多くの信号を受信するのは目です。視覚刺激を減らすために、姿勢を一定に保つことは絶対必要なことです。

こうしてみると姿勢を正し、呼吸を整え、心を整えて、自律神経の安定を図ることが、

脳の機能を高めるために必要なことがわかります。禅でいう、「調息、調身、調心」はこのような意味があったのです。さらに、左右の大脳はそれぞれ異なった働きをしていますから、左右の脳を調整することも必要です。

「調身、調息、調心」を順番にみていくことにします。

# 第二章

# 姿勢

よい姿勢とは

## 力みのない自然体は美しく圧倒される

自然体という姿勢が基本です。立っても正座しても自然体です（左頁写真）。

古神道に通じ、大東流合気柔術師範である大宮司朗氏の著書「古武術と身体」から正しい姿勢について記述を引用させていただきます。

『天御中主神《あめのみなかぬしのかみ》は宇宙の中心であり、小宇宙である人間の中心は臍下丹田であり、そこに気を鎮めるのが「斎気之伝《さいきのでん》」である。同時に天御中主神は中心を維持し、宇宙を成り立たせている神であり、その形態を正しくあらしめている神であるから、第一伝においては頭の先端の中心部分である百会《ひゃくえ》から陰部と肛門との中間にある会陰《えいん》にまで針を突き通すように、両足で作った支えの中央部にまで天之御柱《あめのみはしら》、地《ち》之御柱を突き立てるようにして「正しい姿勢」をなすことを意味するのである。

言葉を換えていうと、身体の重心をその中軸垂線に一致させるのである。厳密にいって、重心の所在はどこか、中軸垂線の定義はどうかとなると、いささか難かしい問題もあるが、その一致させるべき位置は、正しい身体の持ち主においては、全身の中枢関節である両股

自然体が姿勢の基本

ラトヴィア文化交流に参加いただいた、能楽金剛流シテ役工藤寛氏の立ち姿

関節を結ぶ横軸の中央、垂直中軸は百会からこの重心を通り肛門に抜けて両足の中間にくる線といわれている。

あらゆる活動が生まれる中心である腰腹の中心点に気力を充実させ（斎気之伝）、天地に根を下ろした大木のつもりで、天と地との間に我一人独立する気持ちとなり、天と一体、地と一体となったつもりで、構えがあってしかも構えがなく、構えなくてしかも構えのある自由自在天地無縫の姿で立ち、あるいは座るのである。（中略）そこで正しい姿勢を形の上から説明すると、頭は俯《うつむ》かず仰向《あおむ》かず、傾くことなく、首を楽に天に伸ばし、両肩を下げ、肘を下げ、背筋を楽にして、尻を出さず、腰が屈《かが》まぬようにして、下腹を少し出し、膝を紙一重曲げ、左右の足に平等に体重をかけ、足裏を紙一重浮かすつもりで頭足中心を一に貫く垂直の力を感じつつ立つのである。』

体の軸が真直ぐ立ち、重心が低く安定し、頭のてっぺんから足先まで神経が張りつめた、しかもどこにも力が入っていない姿は美しいものであり、その前に立つだけで圧倒される力をもっています。この姿からの動きは早く、無駄なく、自由自在です。どのように動いても目線は動揺せず、重心の動揺は起こりません。竹刀を持った姿での自然体の構えでは気力は内に隠され、打ってはじめて表に現れてきます。目線の安定は心の安定を表します。

このような自然体は一朝一夕で作られるものではなく、修行を積むことによって出来てくるもので、立ち姿・座り姿を見ただけでその人の力の程度が知られるといいます。この姿を理想として常に自分の姿勢に注意していくことも一つの剣道です。「襟首袴腰」という教えがあります。稽古着の襟が首に密着し袴の腰板がぴったりと腰骨に付いている姿をいいます。

五年に一度開催される「日本とラトヴィアの文化交流」があります。平成二十六年は総勢五〇名にのぼるメンバーが参集しました。いずれも第一級の方々です。能の宗家の大家の姿勢、歩き方は本当に素晴らしい姿で一瞬の隙もありません。私は神戸の病院に勤務した時、京都・大阪に歌舞伎を見に通いました。足さばきを見るためです。能の足さばきもそうですが実にきれいなものですね。

姿勢と意識レベル

## 腰を張ると意識の清明が保てる

腰をスーと伸ばした姿は誰にでも出来ることです。しかしこの伸ばした姿を維持することが大変むつかしく、肚に力が入っていないとできないことで、少しでも心が緩むと肚の力は抜け、腰の張りがとれてしまいます。（肚の力については呼吸の項に譲ります）

しっかり腰を張ることは意識を清明に保つことに関係があります。自然体で立ったとき、唯一緊張している筋肉は脊柱起立筋だけです。筋肉の緊張は筋肉の中にある筋紡錘（P35図上）によって脳幹網様体を刺激します。筋紡錘は下半身の筋肉に多く、下半身がしっかり立っていることは意識中枢を刺激し続けることになります。脳幹網様体から大脳の新皮質（人間脳）および古皮質（動物脳）に向けて目覚め信号を送って意識水準を高めます。

教室の椅子に座って、背を丸めた姿勢になると眠くなることからおわかりでしょう。

腰を伸ばした姿勢は他のスポーツに見られない剣道に特有な姿勢です。多くのスポーツでは腰を曲げて前傾になっていますね。しかし、スポーツ選手の中にはスッキリと腰を伸ばした素晴らしい姿勢の一流選手がかなり見られます。野球のイチロー選手、サッカーの

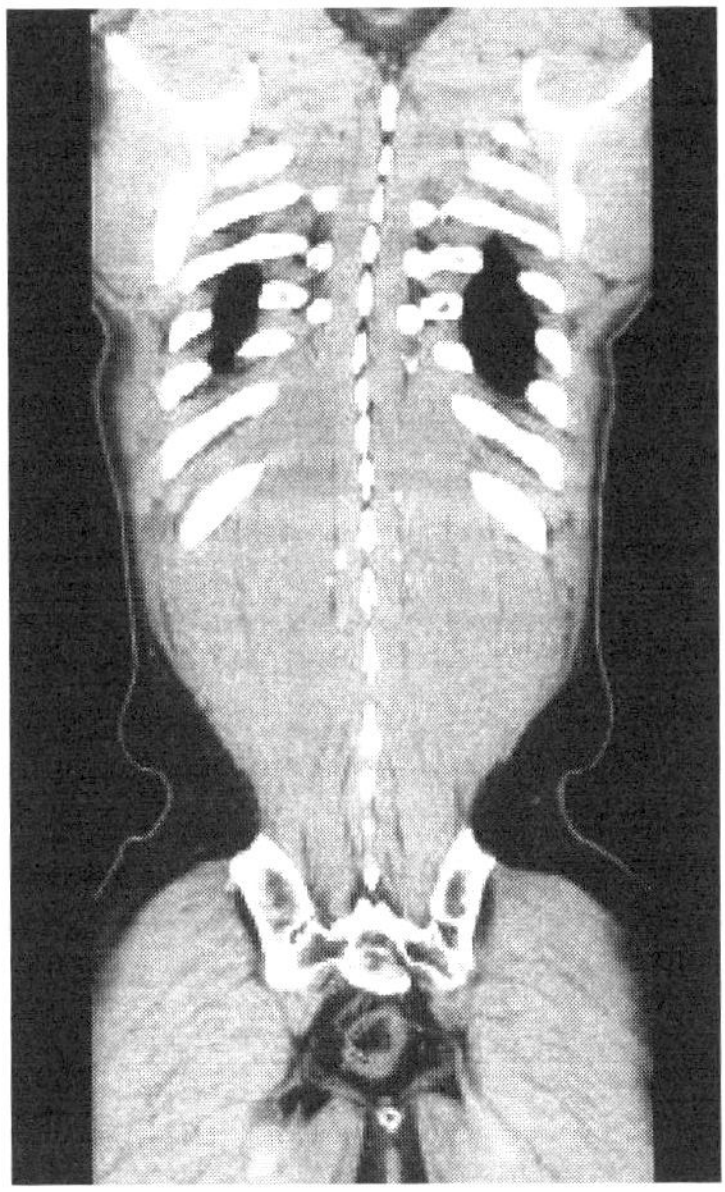

脊柱起立筋。棘筋、最長筋、腸肋筋の総称で頭蓋骨から仙骨まで、脊柱の両側を覆い、直立した人間の姿勢を保つ脊柱起立筋のＣＴ画像（対象・筆者）。脊柱両側に３本の筋肉が見える

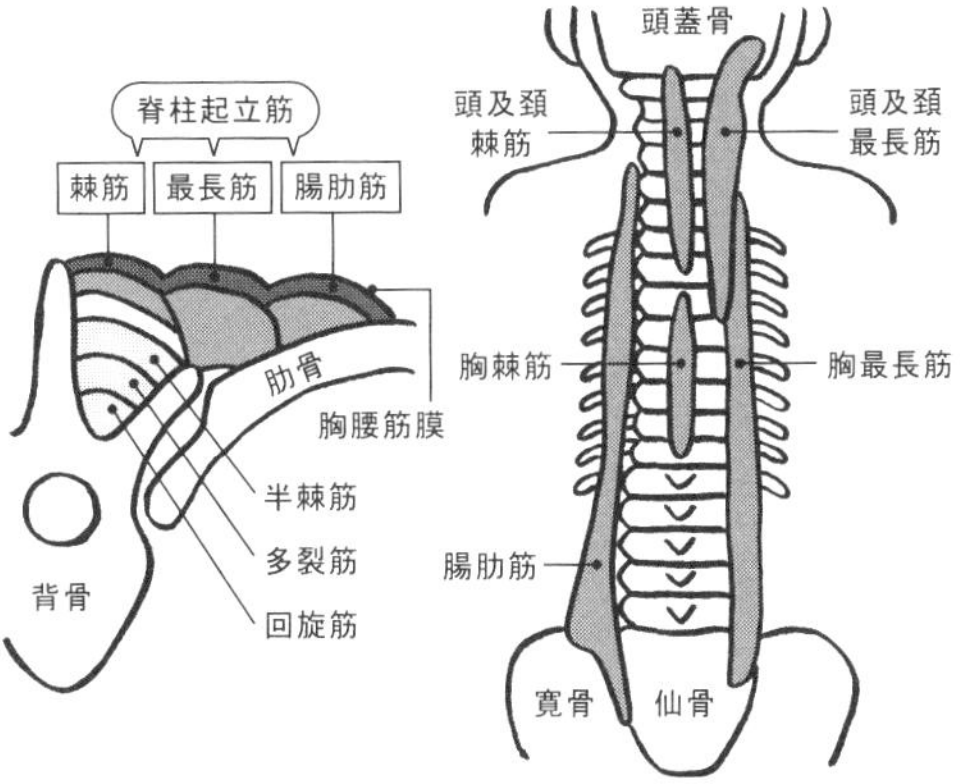


■ 脊柱起立筋　参考資料・イラスト解剖学

棘筋・最長筋・腸肋筋の総称で、頭蓋骨から仙骨まで、
脊椎の内側を覆い、直立した人間の姿勢を保つ。

香川慎司選手、本田圭佑選手などは上半身の力の抜けたいい姿勢をしていると思います。

意識レベルを上げることは大変重要です。意識がなくなるほどのきつい稽古をしているとフッと意識がとんでしまうことがあります。このようなとき相手の動きがスローモーションで見えることがあります。この状態は三昧の境地に達していることを示し、意識レベルは一つ上がっている状態です。さらに相手の意図が予知できる、こちらの思うように相手が動く、これはさらに上の意識レベル。もっと上に行くと、相手は前に立つだけで争う意図を持たなくなるという。それは「相抜け」という言葉で表現されますが、私にははるか遠い世界のようです。

このような高いレベルの意識状態の再現がいつもできるとは限りませんから、心身を統一して再現を目指して稽古を積んでいくのです。意図すればするほど実現しないことはわかっていますが、やはり意図してしまうのは欲張りの証拠ですね。人間の煩悩はなかなか切り捨てられないものです。

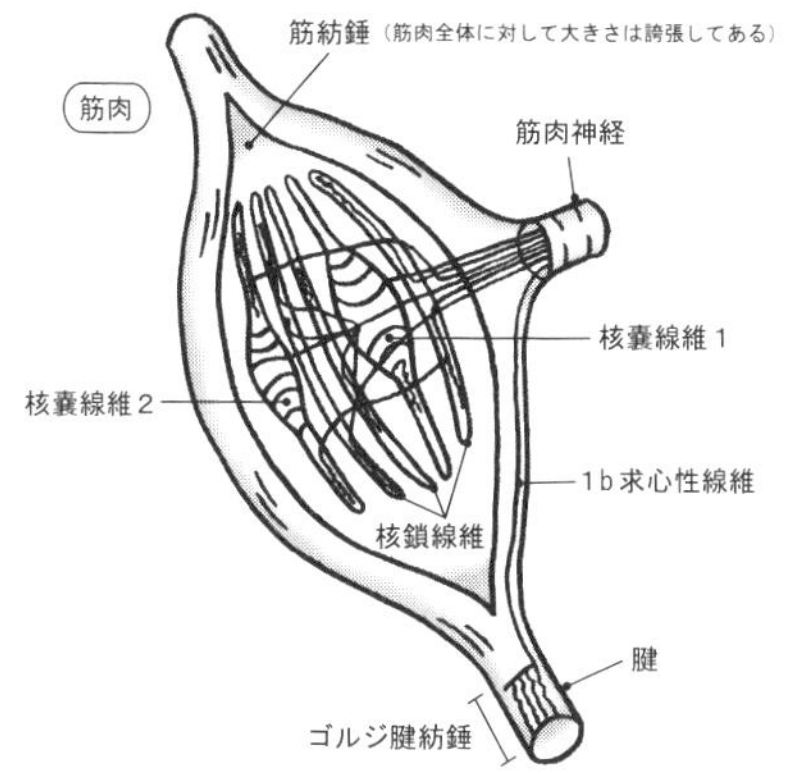


■ 筋紡錘　参考資料・新脳の探検（上）

筋肉内の緊張状態を意識中枢のある脳幹網様体へ伝える

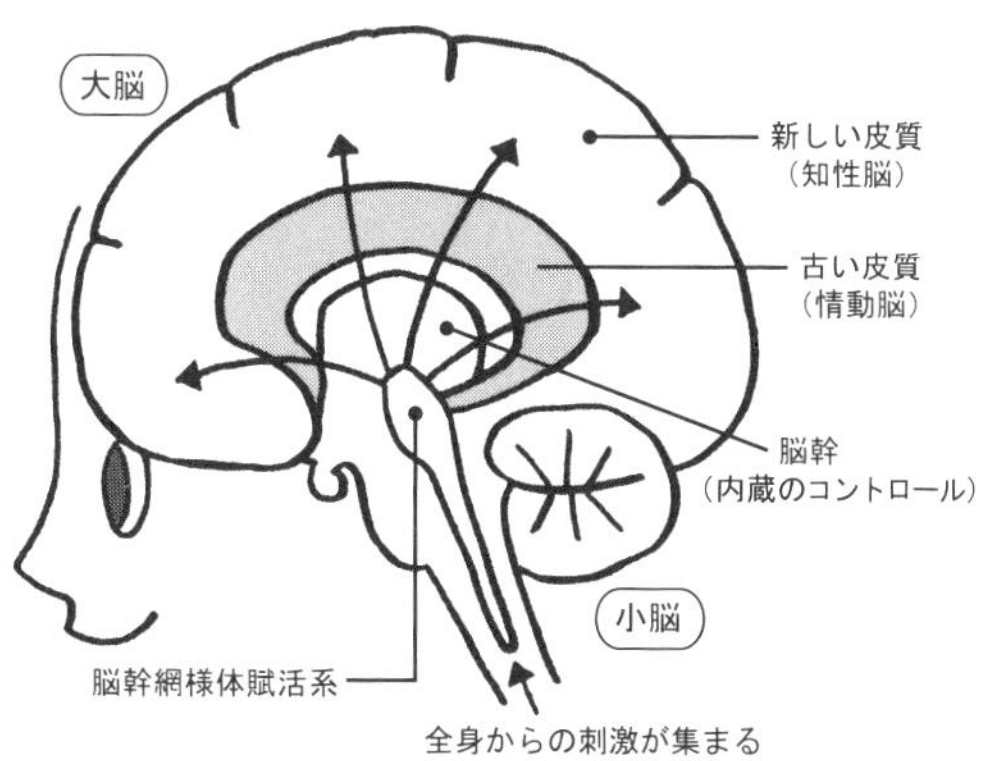


■ 脳幹網様体賦活系の働き　参考資料・イラスト解剖学

頭の傾きの影響

## 酸素濃度が減り、判断力が落ちる

前傾姿勢では頭も前に傾きますが、これによって脳の働きに影響が出ます。

篠浦伸禎氏によると、頭を前に傾けると、脳の静脈圧があがり、脳の血液中の酸素濃度が下がるということです。脳は最大の酸素消費器官ですから、酸素濃度が減れば脳の働きは低下します。特に大脳は酸素に敏感ですから物の判断力が落ちます。この反応は大脳右前頭葉において顕著にみられるといいます。ここには交感神経の中枢があり、自律神経のバランスが崩れ、外に向かう意欲を減退させます。

## 姿勢と脳脊髄液の循環

# 脳は発熱器官。頭を真直ぐ起こすことが重要

首を曲げることにより脳脊髄液の循環が阻害されます。脳脊髄液は側脳室・第三脳室および第四脳室の脈絡膜で作られ、頭蓋内と脊椎管内を循環し、上矢状洞のくも膜顆粒から排出されます。約一三〇ccの脳脊髄液の循環によって脳は保護され、一定の温度に保たれています。

この循環が阻害されると脳という巨大なコンピューターの冷却機能あるいは浄化機能が阻害され、脳全体の機能が悪くなります。コンピューターは電気信号の切り替えにより機能しますが、脳神経の接合部はセロトニン・ドーパミンなどの神経伝達物質の受け渡しにより情報を伝達しています。神経線維の伝達は一種の電気信号の伝達です。従って脳は発熱器官といえます。頭を真直ぐ起こし前に傾けないことが自分の持っている能力を発揮するのに重要なことがお分かりでしょう。

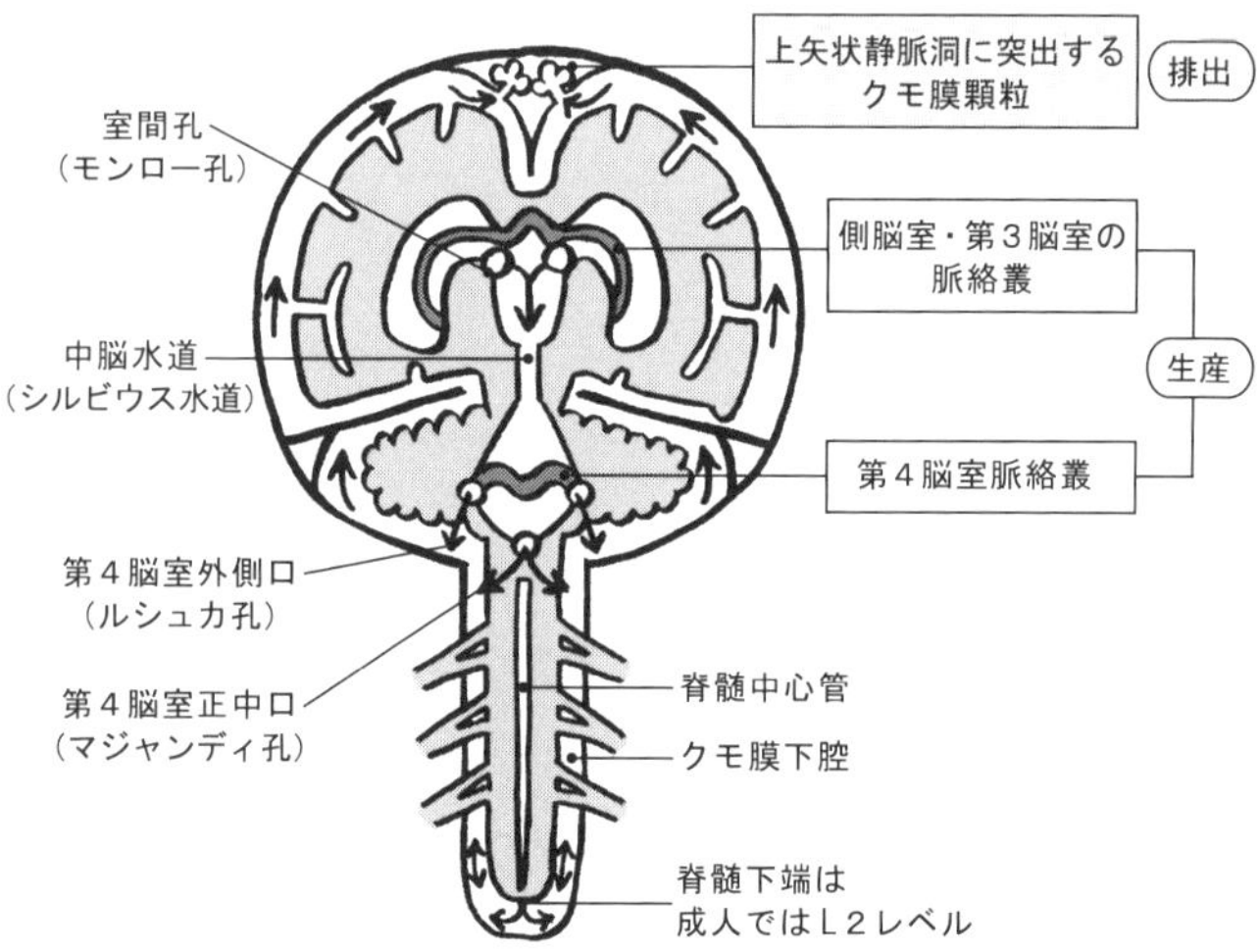


■ 脳脊髄液の循環　参考資料・イラスト解剖学

脳は、頭蓋骨の中にちょうど豆腐のように浮いていて、
脳脊髄液によって保護されている。

脱力

## 体の中心を意識し気を充実。自在に体全体で動くイメージ

脊柱起立筋の緊張は姿勢を保つため必要ですが、それ以外の筋肉には力を入れないことが肝要です。これを脱力といっています。丹田に張りができると自然に他の力は抜けてきます。全身の筋肉を効果的にしかも合理的に使うには無駄な力があってはならないのです。しかし、これがむつかしい。心が動揺すると丹田の力は抜け、上半身の「力み」を呼びブレーキとなります。力を入れないといっても、相手を打つためには力を入れなければなりません。剣道は竹刀を振らなければ打つことはできないのです。打った意識がなく、自然に打ちが出ていたときには気持ちいいものですね。

体の中心を意識し気を充実させて自在に体全体で動くことをイメージすると良い。「手で打つのでなく足で打て、足でなく腰で打て」という。打った瞬間には握る力は抜けている。これが打ちの冴えとして働きます。

足運び

## 起動は踵。踵で腰を押し出す

先に引用した大東流合気柔術では「足裏を紙一重浮かす」といっています。それに対し「五輪書」では「つま先を少し浮かして、かかとを強く踏め」といっています。表現は異なりますが、足裏が床にベッタリと張り付いてしまうことを戒めていると思います。武蔵は足運びの項にこれを記しているのであって、「身なりのこと」に書いているのではありません。足運びの起動は踵にあり、踵を強く踏み込むことにより体の重心を前に押し出すことをいっています。足首・膝の屈伸力を使って踏み込む足使いではないのです。

石原忠美範士の剣道形演武をみると、歩き姿の中で袴の後ろは膝の高さで折れず、真直ぐなままで終始しています。実に美しい姿です。踵で腰を押し出しているからこそできる歩き方であり、模範としたいと思います。

カールルイスは百メートル走で十秒をきりました。この走り方は膝、足首の作用によるジャンプする力ではなく腰を前方に押し出す動きによるといいます。

歩き姿が美しい石原忠美範士（右）の日本剣道形の演武。打太刀は湯野正憲範士

動きの中の姿勢

## 体の軸と重心を意識。腰を中心とした動き

剣道はただ立っているだけではありません。自分の持つ能力いっぱいを使って相手と対峙致します。その動きの中で姿勢が崩れ、構えが崩れ、重心が体軸から離れて見た目にも無残な結果となることがあります。八段審査を受けるほどの人は誰でも立ち姿は立派です。しかし、一歩動いただけで、すでに重心があがり、体軸が崩れる方があります。その時点ですでに合格は無理と思われます。打つ前の崩れとして見られるものは、剣先を下げる、体を前に傾ける、左右の足をそろえる等ありますが、打とう！　という心の動きが体の動きとして現れたものです。

打った後の崩れとして見られるものは、重心があがってしまい、結果としてバンザイの姿になるものがよく見られます。

体の軸と重心を意識し、腰を中心とした動きを心がけることにより修正しなければなりません。鍛錬を積みどのように動いても崩れない強靭な足腰をつくらなくてはなりません。

観見の目付

## 頭の位置取りが重要。細かなことに気を使わず、全体を見よ

重心の下がったどっしりした構えは動きに際して目線が上下しません。目線が揺れることは脳にそれだけ余分な情報がインプットされることになり、情報の処理に時間がかかり、相手の動きに対する反応が遅くなります。相手の細かな動きに注目すると動き一つ一つに注意を奪われ、同様の結果が生じます。打とう打とうとすると自然と顎を出してより近くから相手を見ようとしていませんか。

「五輪書」の中で宮本武蔵は観見の目付について、「観の目強く」といっています。全体を見て細かなことに神経を使いすぎるなということでしょう。観の目でものを見るにはやはり頭の位置取りが大切です。

自己統制法

## 実践してほしい体の整え、心を整える一方法

体を整え、心を整える方法としてシュルツの自律訓練法をもとに池見酉次郎博士が考案した「自己統制法」を彼の著書から要旨をまとめて紹介します。

準備　椅子に腰かけ、姿勢を正し、目をつむり、両手を太ももの上に置き、深呼吸を二〜三回する。

第一段階　上半身の力を抜き、手の平の温感を感じとる。

第二段階　温感がひじの高さまで上がり、力が抜けてくる。心が落ち着く。

第三段階　温感・脱力感が肩まで上がってくる。

第四段階　足の裏に注意を向け、足の裏の温感を感じとる。

第五段階　両膝から下の温感を感じとる。

第六段階　太ももから下の温感を感じとる。

第七段階　腰から下の温感を感じとる。上半身が軽やかになるとともに、額の涼しさを感

じとる。
第八段階　生活の場の中で、第七段階までを繰り返し訓練をする。心の安定と全身の温感がいつでも感じられるようになる。

■ 自己統制法

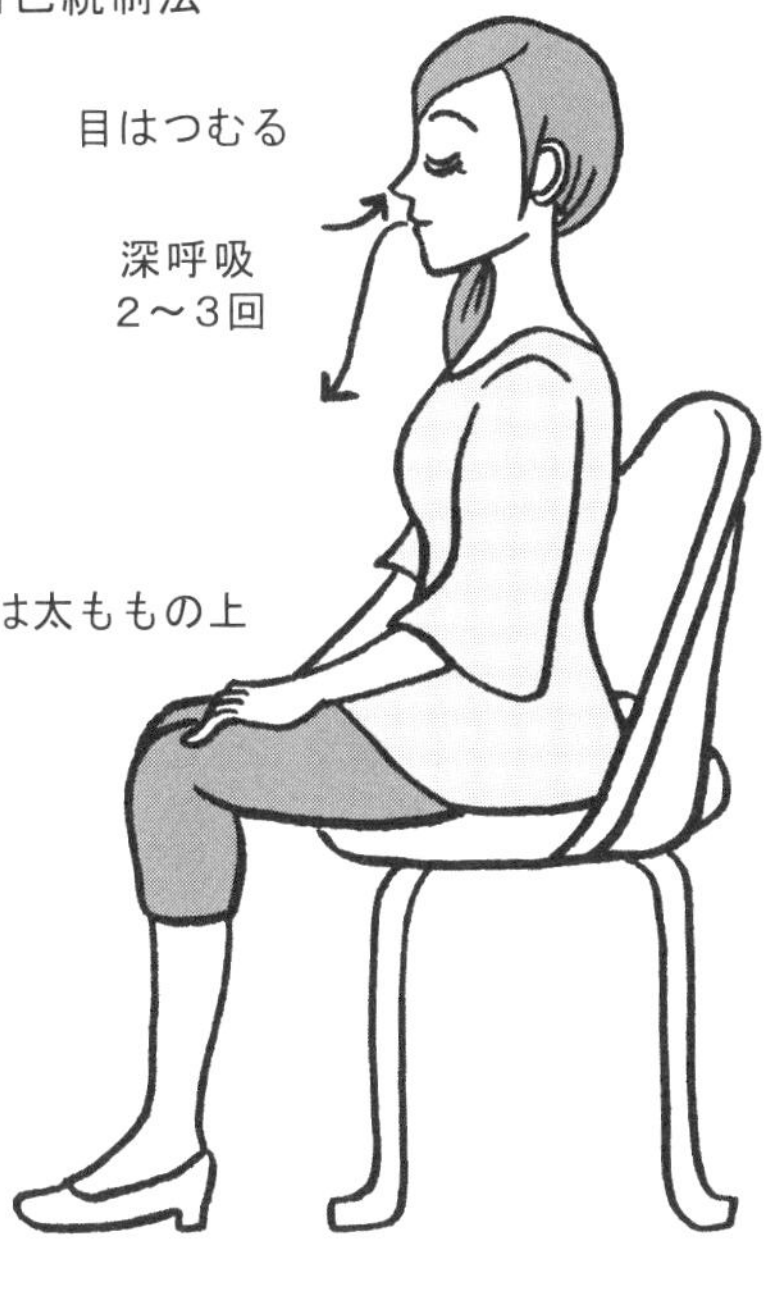


自己統制法のやり方。椅子に腰をかけ、姿勢を正し、目をつむり、両手を太もものうえに置き、深呼吸を2～3回する

第九段階　自己解放、自己回復の段階。
　第七段階までの繰り返しの間に起こる様々な考え、感情、身体反応をあるがままに受け入れ、一つ一つにとらわれない。そのうちにもやもやした考えや感情が自然に消え失せ、雲の隙間に青空を垣間見るような静かな心の空白状態を体験するようになる。
第十段階　生活の場において、自分と周囲の現実に対し、「見る、聞く、感じる」でなく、「見える、聞こえる、感じられる、何が現われてもあるがままに受け入れ、何ものにもとらわれない」といった構えを身につける。

　以上の十段階は、七段階までが基礎であり、そのうちに心の中に自分なりの「言葉」を入れることにより、八段階以後はその言葉だけで心身が自然と基本姿勢に入ることを前提としている。

　剣道の修行過程と照らしあわせてみると思いあたることが多いと思います。恐らく禅の修行でも、その他の宗教的な訓練でも同じ過程を想定しているのではないでしょうか。

　第九段階の心の空白状態は、禅などでいわれる「三昧境」に近いものであり、ここに「本当の私」からの声が聞こえるようになればしめたものです。

## 無心

# 心身の安定とは意味のない刺激に反応しないこと

無心という言葉があります。人間は目を閉じて生活しているわけではないので、ましてや、剣道の場においては五感を研ぎ澄まして立っているのです。五感からの刺激は何ものであれ脳の中に反応を起こします。意味のある刺激と意味のない刺激を瞬時に選り分けることが出来るか？　が問題です。意味のない刺激は意識に登らないようになればしめたものです。その要点が先の第八段階にあたる心身の安定した姿であり、第六感が働くとはそういうことでしょう。

雖井蛙流平法

## 不識剣は無心の技

私も巻物を伝授されている「雖井蛙《せいあ》流平法」という流派があります。鳥取藩に伝わる流派で現在鳥取市無形文化財として伝承されています。流祖深尾角馬はお国替えにより備前から鳥取藩へ来た人です。多くの流派との交流の末、一派を立てました。奥伝ともいうべき「夢想秘極之巻」の一つに「不識剣」があります。今ではその内容は判然としませんが、無心からの技であろうと推察します。

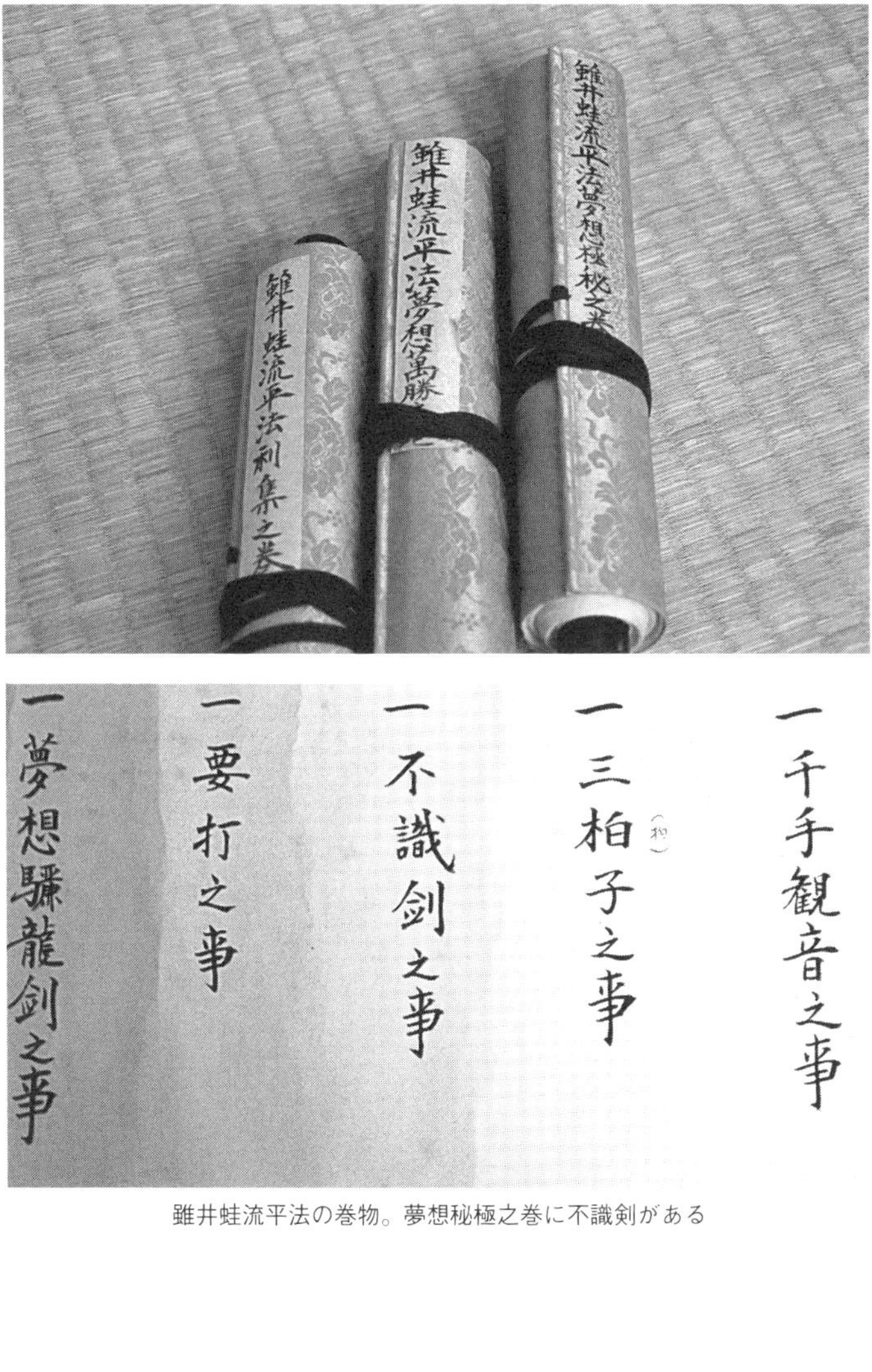


雛井蛙流平法の巻物。夢想秘極之巻に不識剣がある

正しい姿勢での生活

## 子どもの成績は上がり、健康になる

このように姿勢を正しく保つことは大事なことであり、日常生活の上で習慣としていただきたいのです。脳の働きがよくなり、はっきり目覚めた状態で日常生活を送ることが、人の一生を考えるとき、如何に大事かおわかりでしょう。

子供は腹に力を入れることは構造上無理があります。無理にそれをやらせると余分な力みとなって逆の作用となります。子供の場合は背筋を伸ばし、首を真っ直ぐ立てる姿勢を当たり前の姿勢として、食事の時も椅子に座った勉強の時も習慣とすることです。間違いなく成績は上がり、健康になりますよ。

池見酉次郎博士は著書「肚・もう一つの脳」の中で、森信三先生の「立腰道」を紹介しておられます。

池見博士は永い間求め続けたセルフコントロール法は簡潔な立腰道の中に凝縮されていることに驚いておられます。

いつでも、どこでも、だれにでも日常生活の中で実行できる方法です。日常すべて剣道であるとの教えの要点はまさに立腰道でいう「腰を立てた生活」と一致します。禅に始まる座禅を、セルフコントロールの具体的な方法として、日常生活の原理として、また武道をはじめとするもろもろの芸能の世界の指導原理として取り入れてきた日本民族の祖先に只々感謝するべきです。

# 第三章

# 呼吸

## 脳は最大の酸素消費組織

# 呼吸法を高めれば体や脳の機能が向上する

　呼吸は空気中の酸素を体に取り入れる働きをしています。呼吸によって取り入れた酸素を体の各部に運ぶのは循環器系の役割です。呼吸器系と循環器系の機能を高めることによって、体や脳の機能を向上させられます。この呼吸器系と循環器系の機能は自律神経の支配を受けていますから交感神経と副交感神経のバランスをとることが大切となります。

　前述のように脳は最大の酸素消費組織です。多くの酸素を取り込むためには胸腔の容積を広く取ることが重要です。背筋を伸ばして胸を拡げ、横隔膜を下げることによって胸腔容積は広がります。さらに剣道では肩甲骨を中心として大きく腕を振りかぶることにより胸廓を拡げ意識しないで呼吸量を増加することができます。大きな剣道を心がけることはとても大切なことです。

呼吸の種類

## 胸式呼吸と腹式呼吸

いつも無意識に行なっている呼吸は胸腹式呼吸といいます。肋骨の上げ下げで胸郭を拡げすぼめすることによって空気が肺に出入りします。これが胸式呼吸。胸と腹の間にある筋肉でできた膜が横隔膜、これを縮めたり伸ばしたりすることにより胸腔を拡げたり縮めたりする呼吸が腹式呼吸。通常はこの二つが無意識に連動して呼吸しています。

■ 呼吸の種類

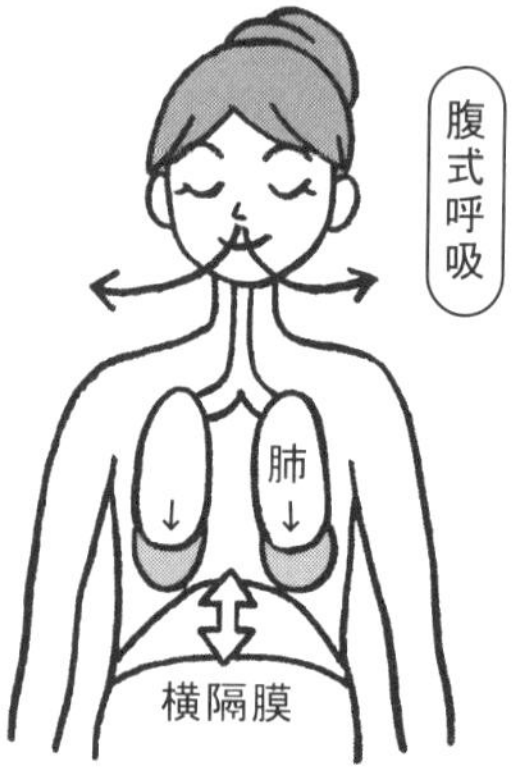


お腹の中の筋肉・横隔膜の
運動なので、肩は上下しない。

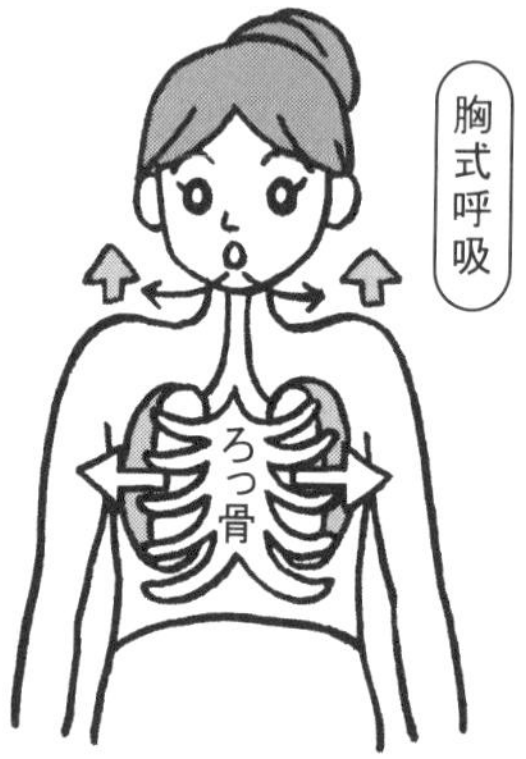


胸郭を動かすので、
呼吸をすると肩が上下する。

丹田呼吸

# 骨盤を立てれば丹田呼吸は楽にできる

腹式呼吸は別名横隔膜呼吸とも言います。剣道では胸の動きは相手に呼吸を察知されます。息を吸うところは弱いところで攻撃されると対応できません。できるだけ胸を動かさない呼吸をしようと思えば腹式呼吸となります。横隔膜を緊張させて下げると肺が膨らみ空気が入ってきます。これが吸気。横隔膜を緩めると出ていきます。これが呼気。呼吸量を増やすために横隔膜を大きく上下させればよいのですが、一つ弊害があります。肋骨を固定したまま呼気時横隔膜を上げれば上げるほど胸腔容積は小さくなり、心臓が圧迫され動きが悪くなります。

その結果、血液循環が悪くなり、せっかく沢山の酸素を取り入れても肝心な脳とか筋肉・内臓に酸素を十分配給できなくなります。心臓を楽に動かし、十分な血液循環を保ったままの呼吸が必要となります。これが腹式丹田呼吸、単に丹田呼吸といってもよいでしょう。息を吸うとき縮めた横隔膜をさらに引き締めて縮めることによって息を吐く。これは大変むつかしい呼吸です。間違えると次第に息が苦しくなって耐えられなくなってきます。

この矛盾を解決するのに私もずいぶん意識して訓練しました。ある時、息を吐き続けていると、下腹にストンと玉が転がり込む感覚がありました。この玉を膨らませたり縮めたりの感覚で呼吸することで楽に呼吸できることがわかりました。できるだけ長い時間息を吐き続ける、すなわち横隔膜を縮め一瞬止めるとまたさらに縮めていくことを繰り返します。二分ぐらいは楽にできそうです。この呼吸法をいつでもできるよう訓練した結果、呼吸を意識しなくなりました。

宮本武蔵は「五輪書」の兵法身なりのこととして、「背筋をろくに、尻を出さず」と書いています。この一文によって私は以前、体全体が弓のようになる姿勢を取っていました。この姿勢では前に打ち込むことはできるが後ろや横への動きはできませんでした。すなわち応じ技がどうしてもできなかったのです。

再度「五輪書」を読み返し、続いての表現に注目しました。『こしのかがまざるやうに、腹をはり、くさびをしむるといひて、脇差のさやに腹をもたせて、帯のくつろがざるやうに、くさびをしむるといふおしへあり』と書いてあります。

ここに至って「尻を出さず」とは及び腰を戒めたもので、当時脇差は当たり前に差していた武士にとって骨盤を立てて鞘に下腹を預けた腰構えは当たり前のことであったと気づ

■ 下腹の中の玉を膨らませたり、縮めたりするイメージ

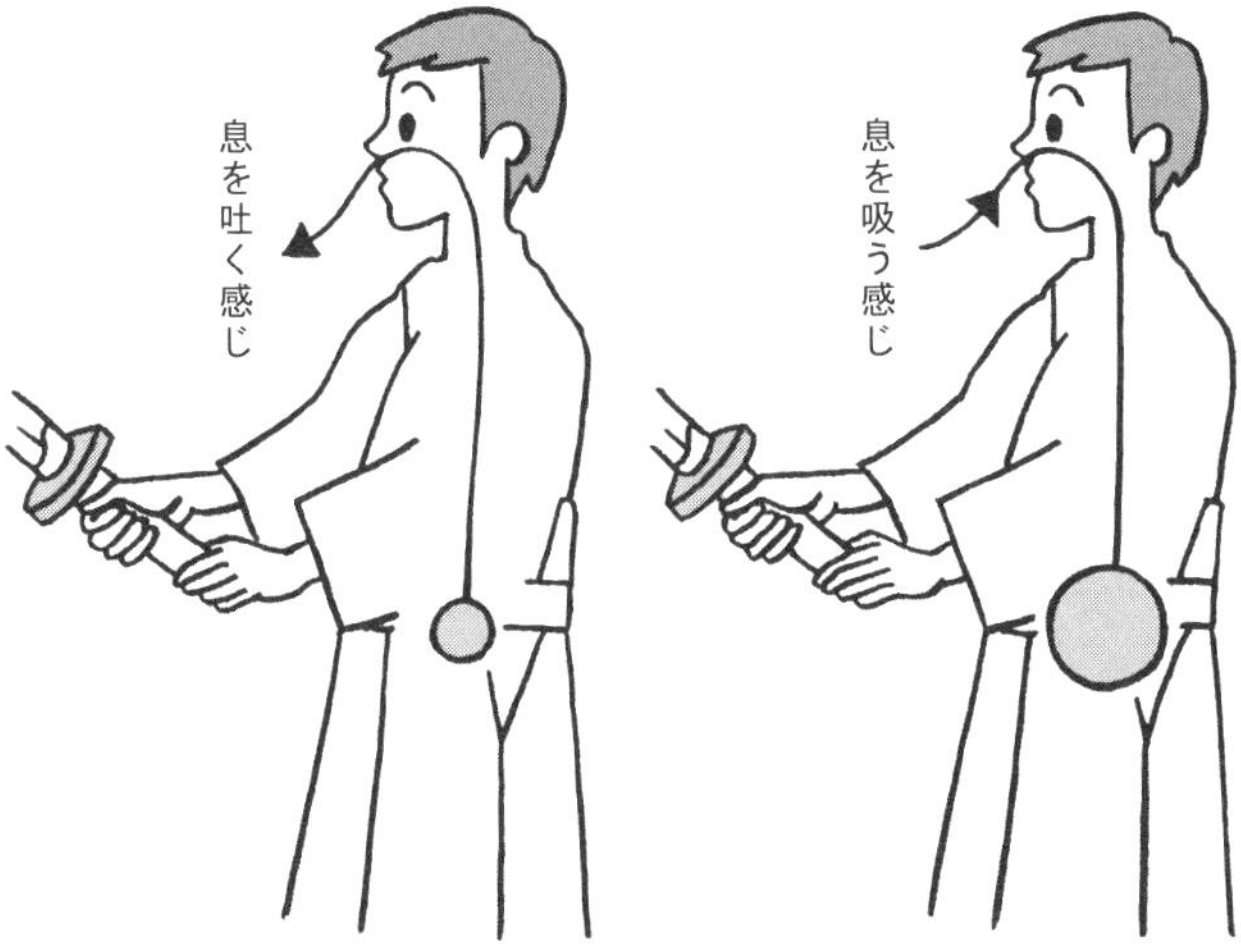


★空気を吐くと
玉が縮む

☆空気を吸うと
玉が膨らむ

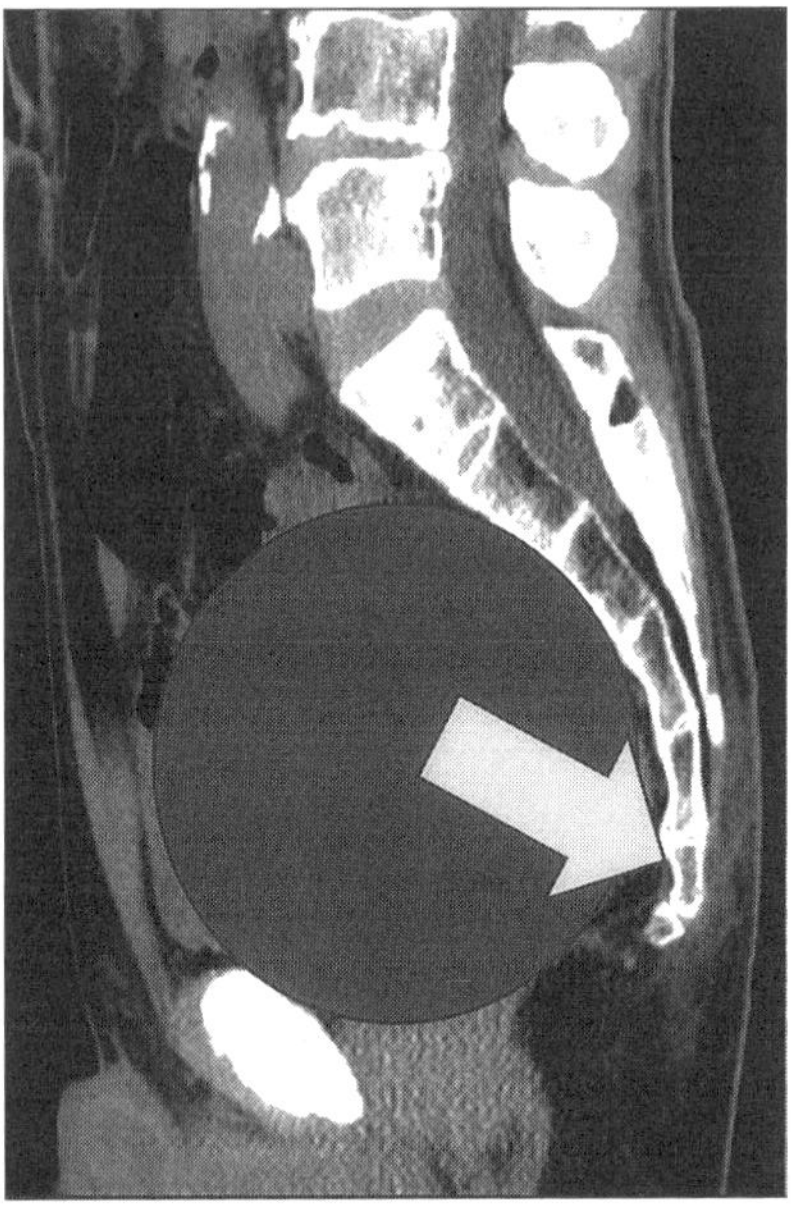

下腹に球がころがりこんだイメージと丹田の位置（想定）。著者のＣＴ画像に当てはめた

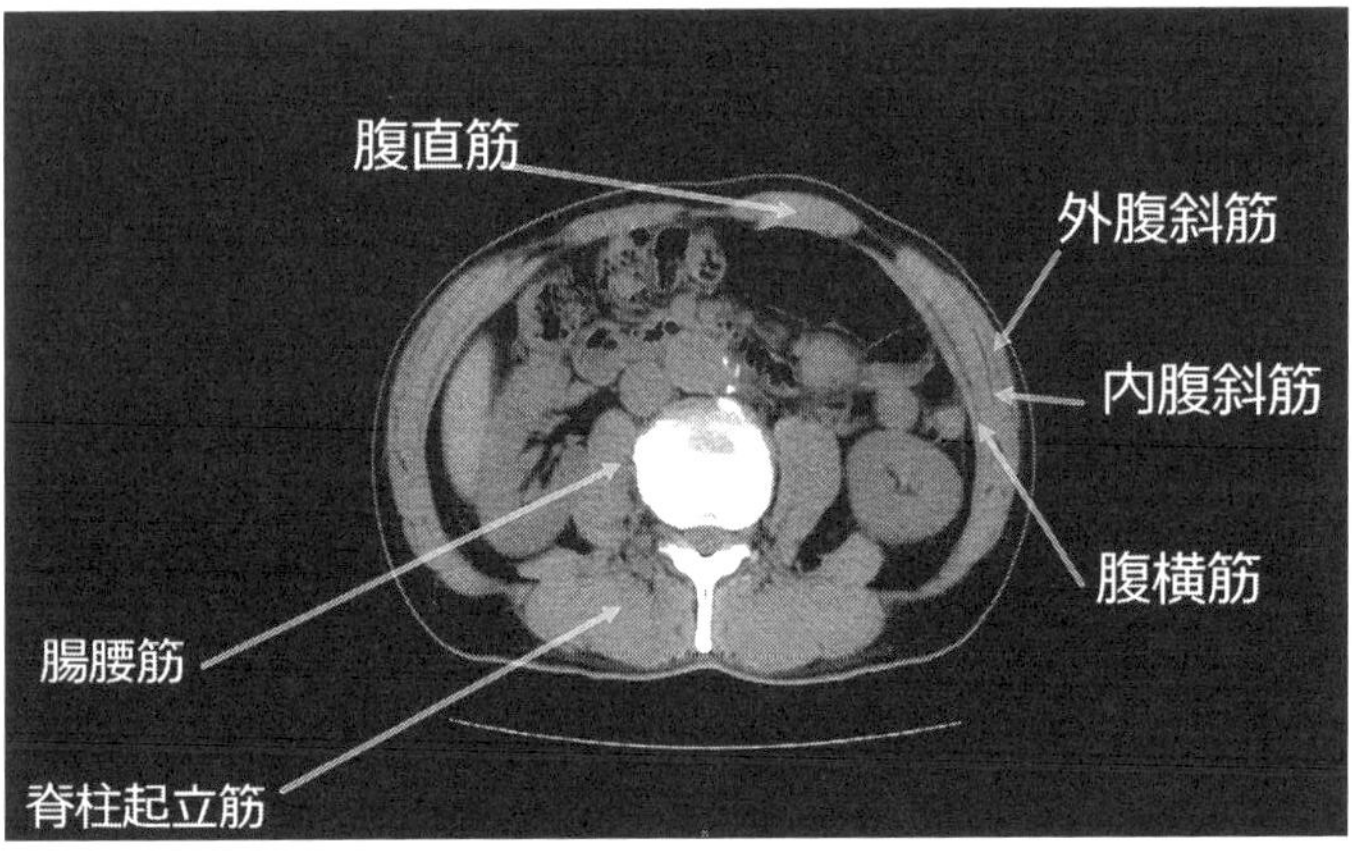


腹壁の筋肉ＣＴ画像（対象・筆者）

いたのです。この誤解は私ばかりでなく何人かの人が同じ疑問を抱いています。大森曹玄「剣と禅」にも同じ疑問と回答が書かれています。

かくして、私の腰構えは変わりました。剣道では剣道具の垂れの幅が広くしっかりした素材で作ってあります。この垂れの腹にあたる部分に下腹を密着させ、離れないようにすることです。稽古着を着けたあと博多帯でしっかり締めることを薦めます。お腹の壁の筋肉で帯の役割をしているのが腹横筋といい、三層のお腹の筋肉の一番内側にあります。丹田呼吸をするために大事です。

骨盤を立てることにより、丹田呼吸が楽にできるようになりました。

次ページの図は私の以前の腰構え（上）と骨盤を立てた腰構え（下）のレントゲン写真から、骨盤前傾の角度をみたものです。わずか一三度の傾きです。

骨盤前傾によって腸管が下方に移動します。骨盤腔が充実し、丹田に力を入れることが容易になり、上腹部は圧が下がって腹式呼吸がやり易くなります。体の重心が下がることも当然です。股関節の角度からみても下肢の後方への角度が取りやすくなり、腰から攻めやすくなります。

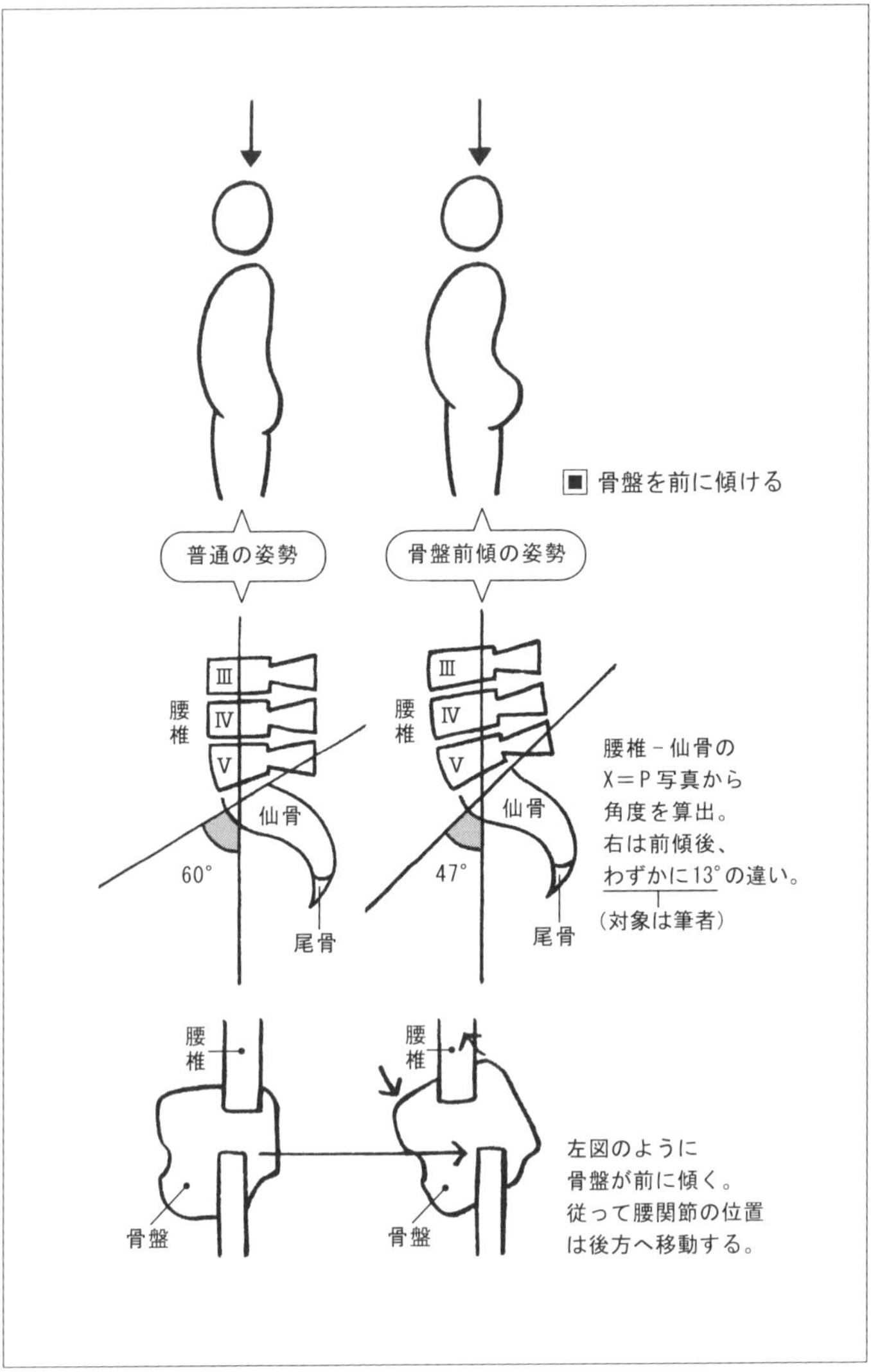
■ 骨盤を前に傾ける
普通の姿勢
骨盤前傾の姿勢
腰椎
Ⅲ
Ⅳ
Ⅴ
仙骨
60°
尾骨
腰椎
Ⅲ
Ⅳ
Ⅴ
仙骨
47°
尾骨
腰椎－仙骨の
X＝P写真から
角度を算出。
右は前傾後、
わずかに13°の違い。
（対象は筆者）
腰椎
骨盤
腰椎
骨盤
左図のように
骨盤が前に傾く。
従って腰関節の位置
は後方へ移動する。

剣道の呼吸

## 長呼気丹田呼吸の会得。だから素振り、切り返し、打ち込みは重要である

剣道には長呼気丹田呼吸を自然に会得する内容が含まれています。竹刀の素振りでは振りかぶるとき自然に息を吸い、振り下ろすときには自然に息を吐いています。発声を伴えば瞬間的な強い呼気が伴います。切り返しの正面から左右面を打ち、最後の正面まで一息で続けること。打ち込み稽古は一息でやりきること。剣道形の一本一本を一息で打つこと。この方法は吐く息を長くする訓練となっています。幼少年の場合は体力に応じて切り返しの本数を、打ち込みでは時間を調整して一息でやる工夫が必要です。むやみに一定本数で途中の息継ぎを覚えてしまうと呼吸の努力をしなくなります。熟練者の切り返しは体力に応じて息の続く限り左右面打ちを続けることが必要です。

稽古の始めと終わりに「黙想」をします。号令はどこでも主将がするでしょう。つまり一番訓練度の高い者、すなわち一番長い時間息を吐き続けられる者が号令をかけます。号令をかける者の時間に合わせて息を吐き続けることもよい訓練となります。

長呼気丹田呼吸の会得には切り返し、打ち込みも効果がある

## 短呼気丹田呼吸

# 打突後の柄の延長線上は自分の丹田
# 短呼気と瞬間的な鋭い発声が冴えた打ちを生む

剣道では永く息を吐き続ける長呼気丹田呼吸の中に、詳しく見ていくと短呼気呼吸が混じっていることに気づきます。切り返しの一本一本の竹刀振りでは、振り上げる時、胸は広がり少しの吸気が伴います。打つ瞬間、短い発声とともに瞬間、腹筋全体を締めることにより急速に息を吐き出します。この瞬間的な発声に伴う呼気が短呼気です。ここで息を止めてはなりません。呼吸は長呼気の続きですから直ちに元の呼気の続きとなっています。息を止めることは筋肉を固くしますから素早い打ちからかけ離れた打ちとなってしまいます。

竹刀の方向は柄の延長線上が自分の丹田を向くことを心がけます。それにより一本一本の打ちに丹田の力を伝えることができます。短呼気丹田呼吸といっています。瞬間的な発声に伴う腹筋全体の引き締めを繰り返すことによって三層の腹筋を鍛えることができます。絶対に腹直筋を緊張させることのないよう注意します。

短呼気とそれに伴った瞬間的な鋭い発声による打突は手の内の効いた冴えた打ちを生む基本です。

剣道の呼吸には長呼気丹田呼吸の中に、短呼気丹田呼吸が瞬間、瞬間に入ってきます。短呼気が入ることによって、長呼気の時間が延長されます。昇段審査の二分間は息継ぎなしでできますね。のんびりした発声は残った息を吐き出してしまい、息継ぎの原因になります。発声を聞くだけで平素の呼吸に対する注意力と鍛錬度が読み取れます。

## 丹田力

# 丹田に力が入ると腰が安定。構えも安定し、足運びが楽になる

　丹田に力が入ることにより腰が安定いたしました。丹田の位置は体の重心と重なります。体の重心は低いほど安定した姿勢を保つことができ、少々のことでは動かなくなります。腰と同じように心も安定し物に動じなくなります。剣道する上で足運びは大変重要なものですが腰が安定すると足は楽に動きます。

　丹田の位置についていろいろな表現があります。しかしもともと解剖学的に究明するべき性質のものでなく、大体臍から内下方一寸五分から三寸位のところを目安にし、人によってピタッと納まりの良いところが丹田だと考えておけばよいでしょう。

　次頁の写真は、大森曹玄著、「剣と禅」に記載されている肥田春充氏「正中鍛錬法」に記載されている正しい構えの位置を私自身のＣＴ写真の中に描出したものです。私の場合は臍より五センチメートル下方にある。この位置は左右大腿骨頚部の交点にあたり、体の重心の位置と一致する。

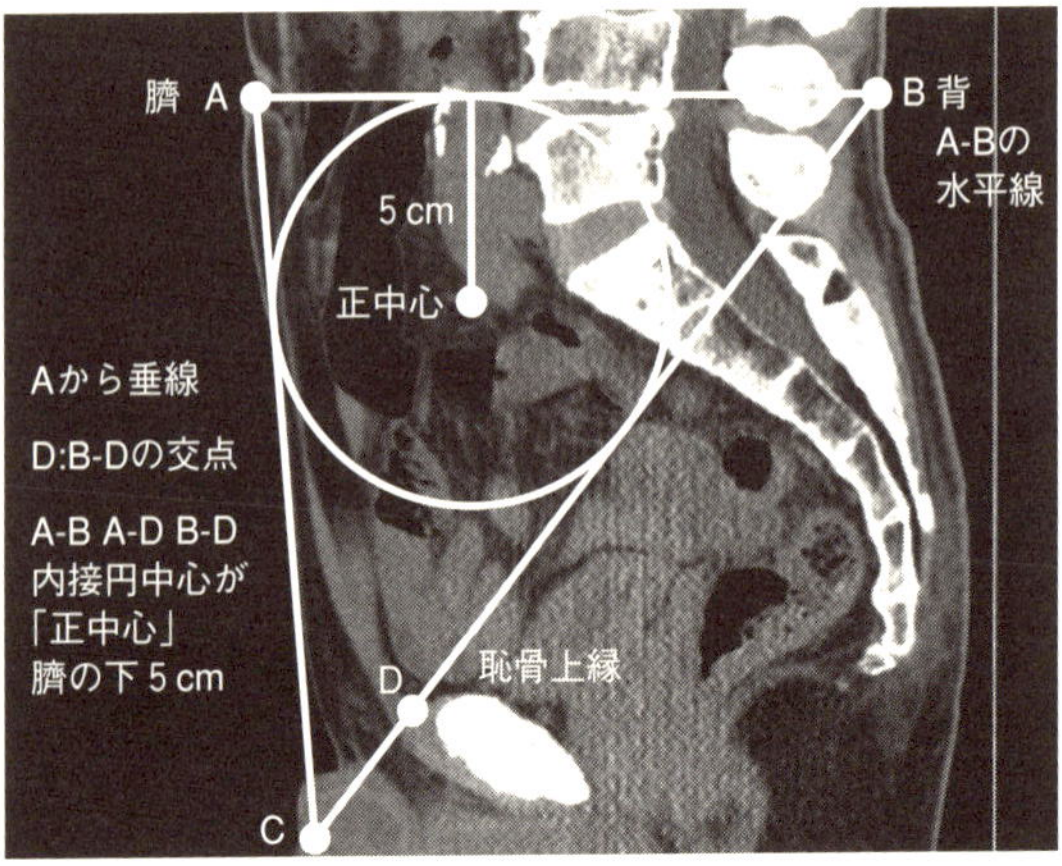


大森曹玄著「剣と禅」正しい構えの正中心

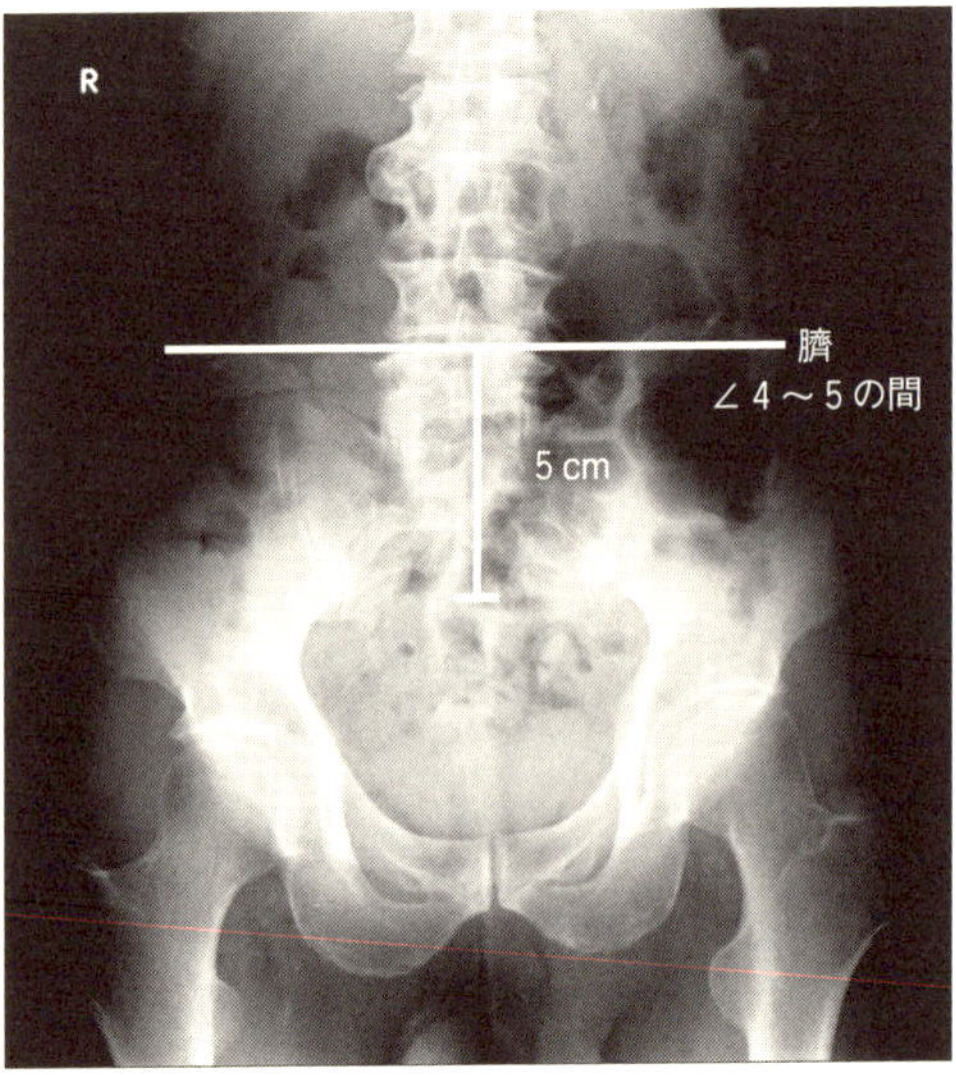


著者のCT画像に位置を当てはめた。白丸：正中心。第5腰椎と仙骨の間にある。著者の想定位置より高い位置にある。両側大腿骨頸部の延長線交差部に一致する

## 丹田呼吸の効果

# 丹田呼吸を身に付けると得られる6つの効果

1、循環機能

骨盤の前傾により重心は下がり、呼吸は永く続くようになり、足運びも見違えるように楽になりました。心臓の負担が少なくなった結果、稽古してもほとんど脈拍数は上がりません。恐らく血圧も上がっていないでしょう。

高血圧と診断された患者さんでも長呼気腹式呼吸を三回することによって最高血圧が三十mmHg下がることを確かめています。逆に肩に力を入れて呼吸させるとたちまちにして血圧は上昇します。呼吸は血液循環にそれほどの影響力をもっているのです。勿論永い時間の稽古に耐えられるのは日頃トレーニングにより体の手入れをしていることもあります。

2、自律神経のバランス

人間には意識しなくても周りの環境に適応していく能力が備わっています。自律神経といって、寒暖の調整、明暗の調整、脅威への対応等々、身体内部、呼吸・循環・消化などの調節機構です。脳の視床下部の制御を受け、末梢は脳神経核や脊髄に始まるニューロンで形成されています。間接的に大脳皮質の影響も受けますが、その名の通り意識（大脳の働き）されることなく体を自律的に調整しています。どのような生き物にも備わっているもので植物神経ともいわれます。

生物の進化に応じて、その能力は高くなってきました。地球の、いや宇宙のリズムを感じとっているのです。従って、宇宙のリズムを知るには自律神経の働きにじっと耳を傾け、そのリズムに従って生きる姿勢が大切です。人間は理性を獲得して以来、自然のリズムを忘れ、自然を克服したと考えてきました。その報いは人間による自然の破壊という結果となって今、私たちに跳ね返っています。

自律神経に耳を傾け、生命のささやきに気づく生き方が求められます。

自律神経には交感神経と副交感神経があります。交感神経は体内に貯蔵されたエネルギーを動員して、身体が活動しやすくする方向に働きます。副交感神経は消耗されたエネルギーを補充する方向に働きます。この両神経のバランスをとることは大切なことで、例えば、交感神経がいつも優位な状態が続けば高血圧となり命を縮めるとなります。文明の進化した現在の生活は常に交感神経を張り詰めた状態を余儀なくしています。このバランスをとるのに丹田呼吸は有効です。

横隔膜を上下に使う呼吸は、腹部内臓を支配する自律神経を刺激し活性化する働きがあります。交感神経の塊である太陽神経叢は横隔膜を大動脈が貫いたすぐ下にあります。副交感神経である骨盤神経叢は仙骨の前面を広く覆っています。横隔膜の動きは神経に直接作用し、交感神経を刺激します。丹田圧が上がると、副交感神経が多い骨盤神経叢を刺激し、自律神経のバランスの回復に役立ちます。

3、肝臓機能の向上

横隔膜に接する肝臓は横隔膜呼吸によって大きく動かされ、体のエネルギー工場である肝臓の血液循環が促進され、体のエネルギー代謝を改善します。特に脳細胞はブドー糖をエネルギー源としており、筋肉より多くのブドー糖を消費していますが、このブドー糖は肝臓で作られています。

4、消化機能の向上

胃・腸に代表される消化器系腹部内臓の活動も高まり、消化機能も改善されます。呼吸により胃・腸は大きく動かされますから便通は確実によくなります。第一、直腸に便がたまっているようでは丹田呼吸などできるはずがありません。残すことなく排便を習慣化することが必要です。腸の血液循環がよいことは免疫細胞が活性化され病気になりにくいことは当たり前でしょう。

5、循環血液量の増加

腹部内臓の血液（門脈系）は肝臓を経由して心臓へ還流しますから、その血液還流増加は全身の血液循環量増加に大きく役立ちます。腹圧を高めたり弱めたりする呼吸はスポンジのような肝臓・脾臓を加圧・除圧し腹部内臓の血液を心臓に駆出します。この働きは第二の心臓と呼ばれます。また、同じ圧は腹部の大静脈および骨盤部の腸骨静脈に作用し、第三の心臓として両下肢の血液を効率よく吸い上げ、心臓方向へ送り返します。これは下肢に酸素に富んだ動脈血を多く導くことになり、下肢筋肉の働きを容易にし、疲労物質の搬出を促進する結果となり、下肢は強力に働きやすくなります。疲労回復も早いということになります。循環血液量が多ければそれだけ心臓の負担は少なくてすみます。

6、ホメオスタシス

ホメオスタシスとは恒常性という意味です。人間の体温が一定に保たれる働きが一例です。外部環境に対して体の内部環境を一定に保っていこうとする調整の仕組みです。ホメオスタシスを保つのは自律神経、ホルモン、免疫系の働きによります。自律神経の安定は人間の体を維持するうえで大切なことです。

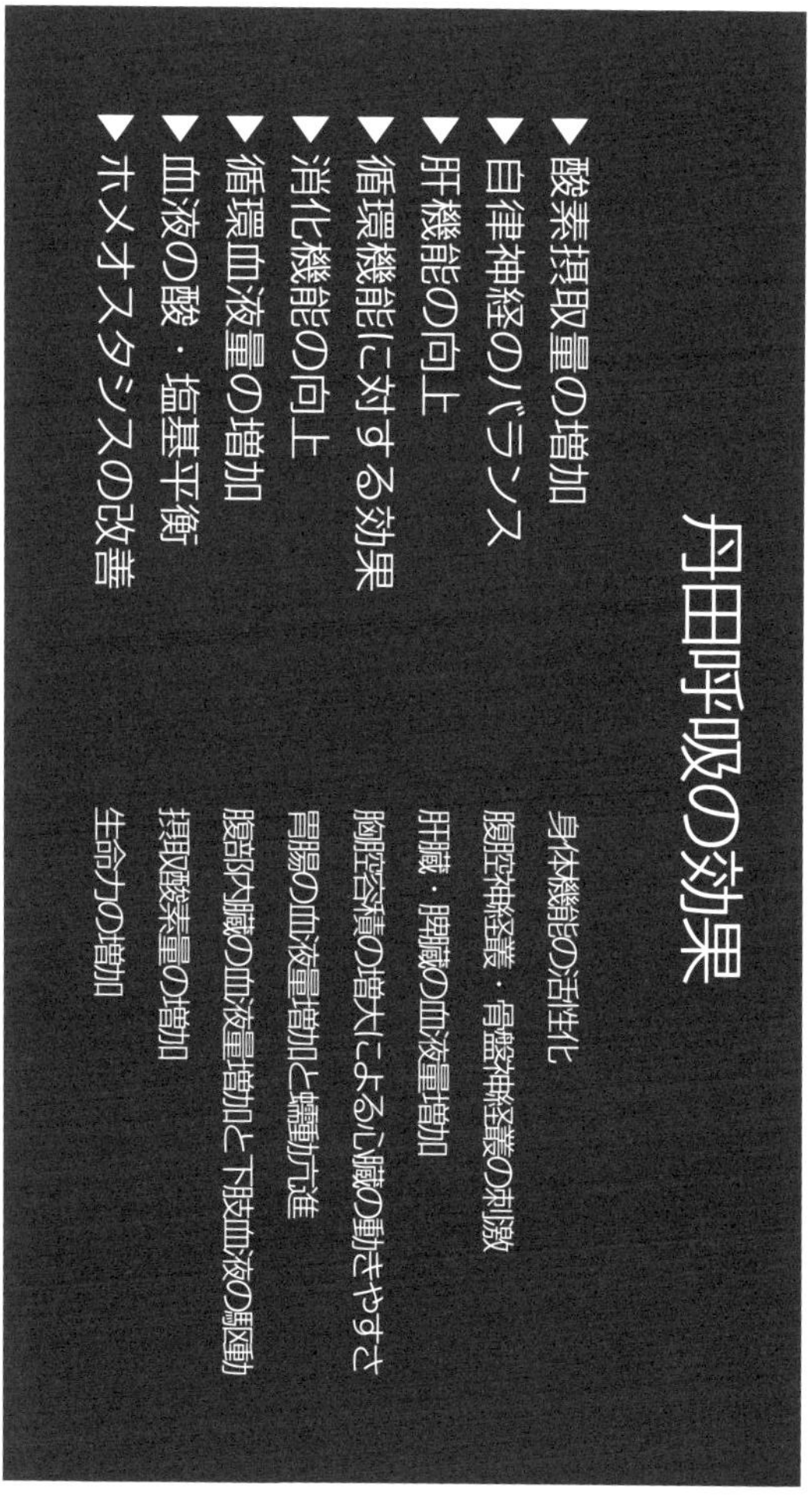
丹田呼吸の効果
▼酸素摂取量の増加　身体機能の活性化
▼自律神経のバランス　腹腔神経叢・骨盤神経叢の刺激
▼肝機能の向上　肝臓・脾臓の血液量増加
▼循環機能に対する効果　胸腔容積の増大による心臓の動きやすさ
▼消化機能の向上　胃腸の血液量増加と蠕動亢進
▼循環血液量の増加　腹部内臓の血液量増加と下肢血液の駆動
▼血液の酸・塩基平衡　摂取酸素量の増加
▼ホメオスタシスの改善　生命力の増加

# 第四章　心

不動心

## 心を動かさないことではなく何ものにもとらわれないこと

姿勢を整え、呼吸を整えると自から心が定まってきます。相手の攻めに負けない気力で対応し、相手の思いがけない動きにも驚かなくなります。何か一つにとらわれると心が凝り固まって体も自由に動かなくなります。

不動心とは心を動かさないことではなく、何ものにも心をとらわれないことです。放心も同じように解釈できます。残心は心を残すことではなく、打った後に心を残さず次に対応していることをいいます。自分の打った行為は既に過去のもの。打ったという思いにとらわれないことです。「審判法」の「残心なし」とは打ったことに心をとらわれていることを指しています。

## 脳の目覚め

# 姿勢と呼吸を整えると脳の調和がとれる

姿勢を整え、呼吸を整えると大脳の新しい皮質（知性の座）、古い皮質（本能や情動の座）、脳幹・脊髄系（生命活動の座）の働きの上での調和をとり戻す効果があることがわかっています。

剣道は「立禅」であるといわれますが、座禅中の脳波の変化を見た研究では、開眼しているにもかかわらず、きれいなアルファー波や、さらにゆっくりとしたシーター波が続いてきます。このような脳の働きの変化は次のように説明されます。

脳幹網様体賦活系が脳内各部の働きに活を入れ、脳の営みの自己調整に重要な働きをしています。大脳の新しい皮質の過度の興奮が抑えられ、新皮質の興奮により押さえ込まれていた古い皮質以下の脳の働きが活性化されます。

このような解放現象だけでなく、古い皮質以下の脳幹・脊髄への刺激そのものが強まると考えられています。座禅でなく立禅である剣道では、下半身に多く存在する筋紡錘を介してより強く脳幹網様体を刺激すると考えられます。白隠禅師が「動中の工夫は静中の工夫に勝ること百千億倍す」といったのはこのことによるのでしょう。

さらに、脳幹網様体の刺激は視床下部での交感神経・副交感神経のバランスをも望ましい状態に自己統制する働きがあります。自律神経のバランスがとれた状態では視床下部から大脳新皮質へ送られる交感神経の目覚め信号が減少するため、新皮質の興奮が抑えられ、それよりも内側にある古い皮質・脳幹における副交感神経性のエネルギーの補充的、休息的な活動が活発になってきます。「意識の喪失をともなわない意識の空白状態」と呼ばれ、非常に高い意識レベルです。脳は他の雑多な信号に邪魔されることなく、新しい信号に対して直ちに反応できる脳の目覚めた状態といってよいでしょう。

私はたくさんの字を書いた白板（雑念に満ちた脳）からすべての字を消去し、真っ白な元の白板に戻した状態と例えています。たくさんの字が書かれた中の文字を理解するには時間がかかりますが、真っ白な中に新たに書かれた文字は理解しやすく、素早く反応することができるわけです。

脳古皮質の目覚め

## 隠された能力の発揮。いわゆる第六感が働く

大脳新皮質の活動の抑制は、大脳の深部にある古い皮質の働きを目覚めさせます。この部は本能の座であり、動物的な反応の場です。動物が種保存のために示す激しい闘争本能、実は人間にもこのような能力は隠されてあるのですが、この隠された能力が発揮される環境が整うのです。いわば第六感が働くといってよいでしょう。感覚器官は鋭敏であり、運動器官は信じられないくらい強力に働きます。「火事場のばか力」はこうして発揮されるのです。

三昧境

## 心身一体となった状態。つまり「フロー」「ゾーンに入った」

無心とか三昧境といわれる状態は心身がコントロールされ心が平安な状態をさしていると考えられます。スポーツなどで精神が集中し、心身一如となった状態を「フロー」あるいは「ゾーンに入った」というそうです。心身医学では変節的意識状態（Altered State of Consciousness）といいます。

脳波ではアルファー波・シーター波、時にはデルター波というゆっくりした波が出現し、脳が完全に休息した状態です。ここでは、副交感神経優位となる方向、ないし、交感・副交感神経の働きのバランスが回復する方向への移動がみられるといいます。これは特別な状態、いわんや神秘的な状態ではなく、人間の持っている当たり前の正常な心の状態であります。

私が高校時代一時的に経験したように、激しい練習の場とか、きつい試合の場で、時にゾーンに入ることはだれでも経験していることでしょう。しかし、このような平安な心を維持するためには大変な継続した努力が必要であり、剣道は生涯を通して継続する必要があるということです。

第五章

# 左右脳のバランス

両手を使う意味

## 左右脳に同等の刺激を与え、両脳のバランスがとれる

道具を使う多くのスポーツは右手（左手）一本で操作します。剣道では両手を同期させて使います。左右の手が逆に動くようでは上手といえません。両手を使うことには大きな意味があると考えています。それは右脳と左脳に同等の刺激を与えて、両脳のバランスがとれるということです。

剣道では両手を同期させて使うため、左右脳のバランスがとれる

## 右脳は感性の脳、左脳は知性の脳

右脳と左脳では働きが違うことがわかっています。左脳は知性の脳といわれ、論理的思考、計算など理数能力に働き、右脳は感性の脳といわれ、想像力・発想力・芸術などに関わっています。

もう少し詳しくみていきます。左脳は言葉の理解や論理的な思考や計算、分析能力などに関わります。現代の入学学力試験などはこちらを高めるためにあるようなものですね。右脳は人間が集団の中で生きていくために必要な細かな機能、感情・情緒的な判断や言語表現、芸術的なものへの理解や、直感的な判断に関係しています。

また、別の見方では、左脳は一義的な働きを、右脳は多義的な働きをしているといっています。次々と変化する多くの情報を処理するには右脳の働きを高める必要があるということです。日本の神道のように多神教を受け入れることのできるのは右脳が発達しているせいでしょうか。今日の文明を発達させた西洋文明は左脳の発達した結果でありましょう。

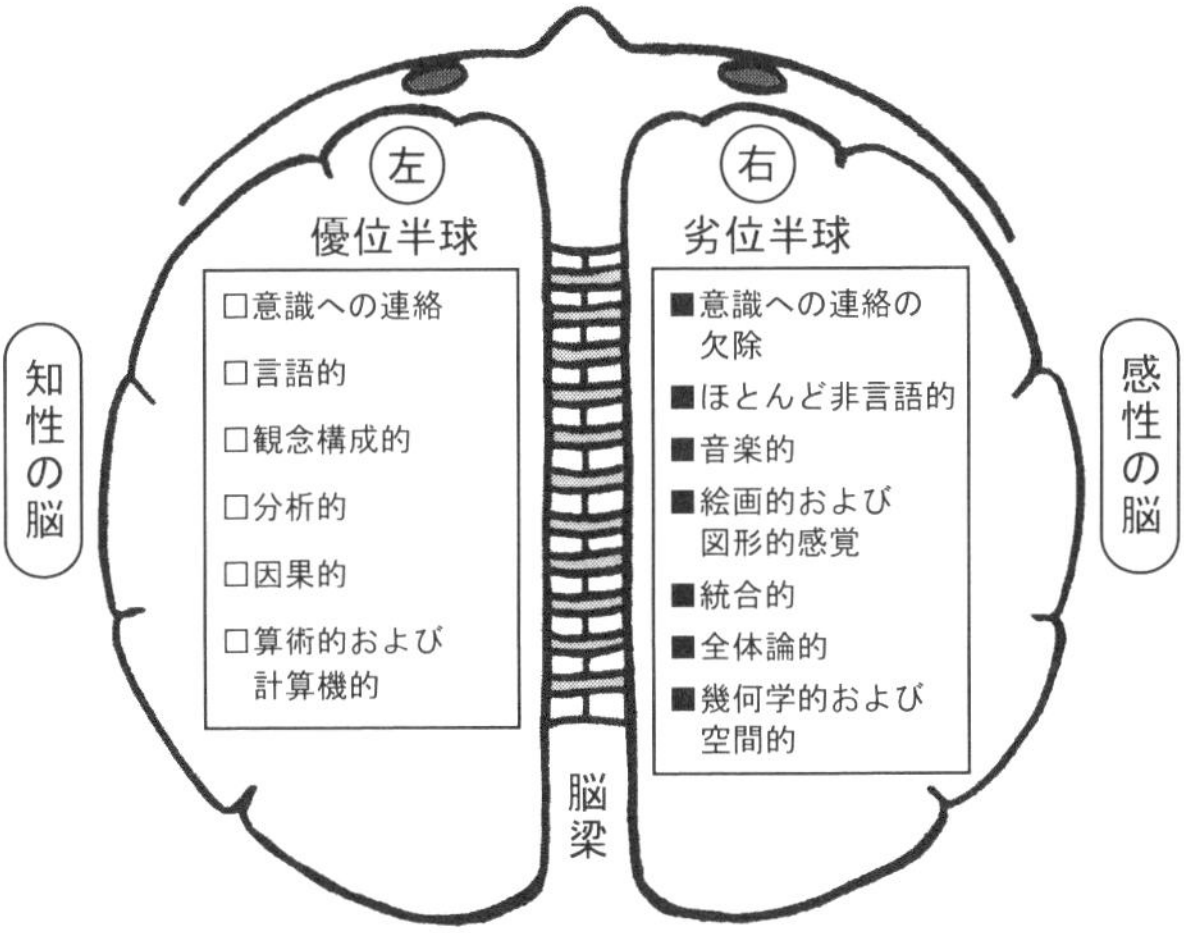


■ 左脳と右脳　参考資料：セルフコントロールの医学

左脳は優位半球・知性の脳

右脳は劣位半球・感性の脳

右脳と左脳のバランス

## 知性と理性のバランスがとれた人間を作る

二つの大脳半球の間は脳梁を介してめまぐるしく往来する連絡信号によって共同作業が行なわれています。人によってそれぞれ得手不得手があることはご承知でしょう。つまり右と左のどちらが優位であるかによってその人の得意とするところ、あるいは性格まで違っているのです。左右脳のバランスがとられるということは知性と感性のバランスがよくとれた人間作りに役立ちます。

## 右脳の機能向上

# 左脳優位から右脳優位の社会に導く人類の滅亡を防ぐ

現在の社会はすべて左脳優位の優先される状態です。その結果が人類滅亡まで視野に入れなければならない危険な状態となっているのです。左脳優先から人間が集団として生きていくために必要な細かい機能が集積している右脳優位の方向へ修正していくことが人類の滅亡を防ぐ最大の武器となるでしょう。

自意識過剰（左脳優位）な現代人を、二者対立を超えた絶対の思考（右脳優位）、すなわち最も人間的な自然な思考のあり方にもっていくもの、宇宙・自然の流れに乗った心身全体からの思考に向かう修正といってよいでしょう。

この修正のために役立つことをまとめおきます。

○手、足の左右バランスの取れた剣道。
○姿勢・呼吸・心を整える。
○観の目付。

○礼を重視し、感謝の心を忘れない。
○肚を意識した剣道を行なう。

生かされている自分への気づき

## 右脳優位は自分の周りの物への関心を高める

右脳の優位は自分の周りの物への関心を高めます。そして、自然の中に生かされている自分を自覚するに至ります。大きな宇宙の中に厳然としてある自分に気付くのです。あらゆるものが自己の生存に役立っていて、それに感謝することを悟るのです。剣道では、相手があってこそ自分がある。自己を高めてくれるのが、今、目の前の相手であることをありがたく思います。

剣道修錬の心構えの「広く人類の平和繁栄に寄与」するためにはこのバランスのとれた脳を持つ人作りが役立つわけです。

正しい躾

## 右脳の現実的なメッセージを組み入れること

健康な、正しい躾や教育とは、左脳の高位の知的水準に、右脳のより現実的なメッセージを組み入れることです。文武併進の教えはここに意味があります。

# 第六章 どのような剣道をすればよいのか

平常の生活の中で

## 姿勢を正して生活することが剣道上達の近道

平常の生活の中で、姿勢を整え、呼吸を整えて心を平らにすることを当たり前のこととして生活することが剣道上達の近道です。丹田呼吸は努力呼吸・意識呼吸といわれ、意識しなければできません。姿勢を正して生活することは習慣化してしまえば努力を要するものではありません。

意識レベルを上げる準備

## 道場に立つ前にやるべきこと

竹刀を握って道場の場に立つ前に、意識レベルを上げておきます。私は目覚めと共にストレッチを二十分程度じっくりやっています。筋肉を伸ばすことは意識中枢のある脳幹網様体を刺激し意識の目覚めを促します。次いで刀の素振りで神経を研ぎ澄まし鋭い呼気で気と丹田を引き締めておきます。乾布摩擦などにより皮膚を刺激することも目覚めに効果があります。

体の管理

## 規則正しい生活を心がけ、ストレスをストレスとしない

健康な生活をすることにより体を管理することは当たり前のこととして、規則正しい生活を心がけることが大事ですね。とはいってもストレスに満ちた現代人には容易なことではありません。ストレスをストレスとしないために体を使うことが大事なのです。

トレーニング
# 機器による左右同調の動きが体の歪みの矯正と左右脳の調和に有効

私は体の管理として週三回はトレーニングジムに通っています。鳥取にはバイオメカニクス研究者である小山裕史博士の主宰する「初動負荷理論」によるトレーニングジムがあります。大リーガーのイチロー選手が取り入れていることで皆様もご存知でしょう。

私は以前、ウエイトトレーニングを行なっていました。その当時、何度か腓腹筋の断裂により大切な試合を放棄せざるを得ませんでした。現在のトレーニングになってから一度もそのような傷害は経験していません。むしろ体が軽く思いっきり動くことができています。神経の伝達機能と筋肉の関連性を重視し、その統合力を高めることを目的に独自に開発されたトレーニングマシーンを使い、主に肩関節・股関節周りの筋肉に三次元方向に加えて加速／減速を加えた動作を繰り返すのです。

パワートレーニングがエンジンの出力を高めるトレーニングとすると、この方法はコントロールシステムを高めることができるようです。重量負荷をかけませんので鼻歌交じりで気軽に、軽く揺するような動きです。従って筋肉は肥大して見えませんが筋肉の働きは改善され、運動能力は高くなっています。剣道では右手・右足前という体にとっては変則的な姿勢をとりますが、機器による左右同調した動きは、体の歪みを矯正する意味があります。また、右脳と左脳のバランスを取ることになります。

鳥取のジムには各種のプロ選手がシーズンを問わずやってきてトレーニングに取り組んでいます。以前、イチロー選手がシーズンオフになると鳥取にやってきて一緒にトレーニングしていました。ある時、どうして鳥取までトレーニングに来るのか聞いてみました。イチロー選手答えて曰く、「ここでトレーニングをした後は、体が楽に動くのです」と。今では自宅にマシーンをそろえ、ついにはヤンキースの公認トレーニングとなっているということです。

最近、高齢のプロの運動選手の活躍に気づいていませんか？　プロゴルファーの青木功選手（七十二歳）は今も現役です。プロ野球の山本昌投手は四十九歳で最年長勝利投手となりました。三十九歳の岩瀬仁紀投手は最多セーブを記録しました。ソチ冬季オリンピックでは四十一歳の葛西紀明選手はジャンプで二個のメダルを取りなお現役宣言しています。彼らは皆小山博士の指導を受けています。

トレーニングメニュー（）は鍛える部位

1チェストスプレット（大胸筋）
2ディップス（大胸筋下部・上腕三頭筋）
3プルオーバー（広背筋）
4スキャプラー（肩甲骨）
5インナーサイ（股関節）
6レッグプレス（大腿部・大臀筋）
7ヒップジョイント（股関節）
8アウター（腕・脚・背中）
9グルテウス（大腿部）
10ハックスクワット（大腿部）
11サイドベント（外腹斜筋）
12インナーサイツイスト（股関節）

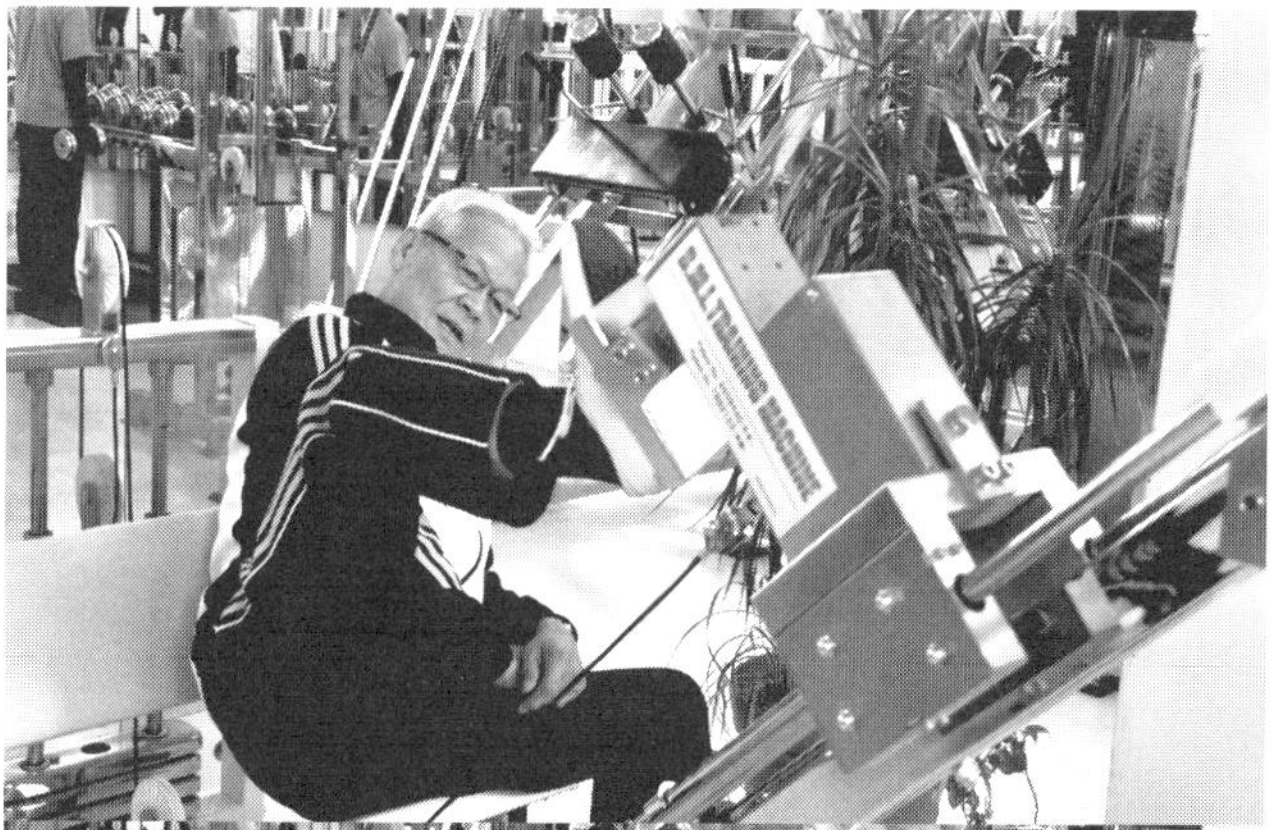

私は以前、週一～二回トレーニングに通っていましたが、次第に蹲踞のときふらつくようになり、思い定めて毎日通うようになりました。その結果、今ではふらつくこともなくしっかりと蹲踞できるようになっています。

「年だから体が硬いのは仕方ない」と諦めている方はいらっしゃいませんか？　見るまに柔軟性を獲得し、スポーツマンタイプに変身していく方を見かけます。高齢の剣道家は是非試してみてください。

プロの選手ばかりでなく子供から機能回復を目的とした障害者まで幅広くジムに来ていて、その適応範囲の広さと効果は保証します。一回のトレーニング時間は一時間程度、軽く汗をかくぐらいですが、終わったあとは体を動かすことが楽しくなります。私は夕方の剣道の稽古の準備体操をかねて通っているのです。「ワールドウイング」というジムは現在では日本各地に二十カ所くらい提携施設を持っていますから、みなさんも一度経験してみてください。

有吉与志恵氏によると、筋肉の受動的な負荷運動をすると、筋肉を包んでいる筋膜ごと束になって筋肉が動き、筋収縮なく筋肉を動かすと筋膜や骨膜の間に隙間ができ、筋肉の血流が増加するということです。

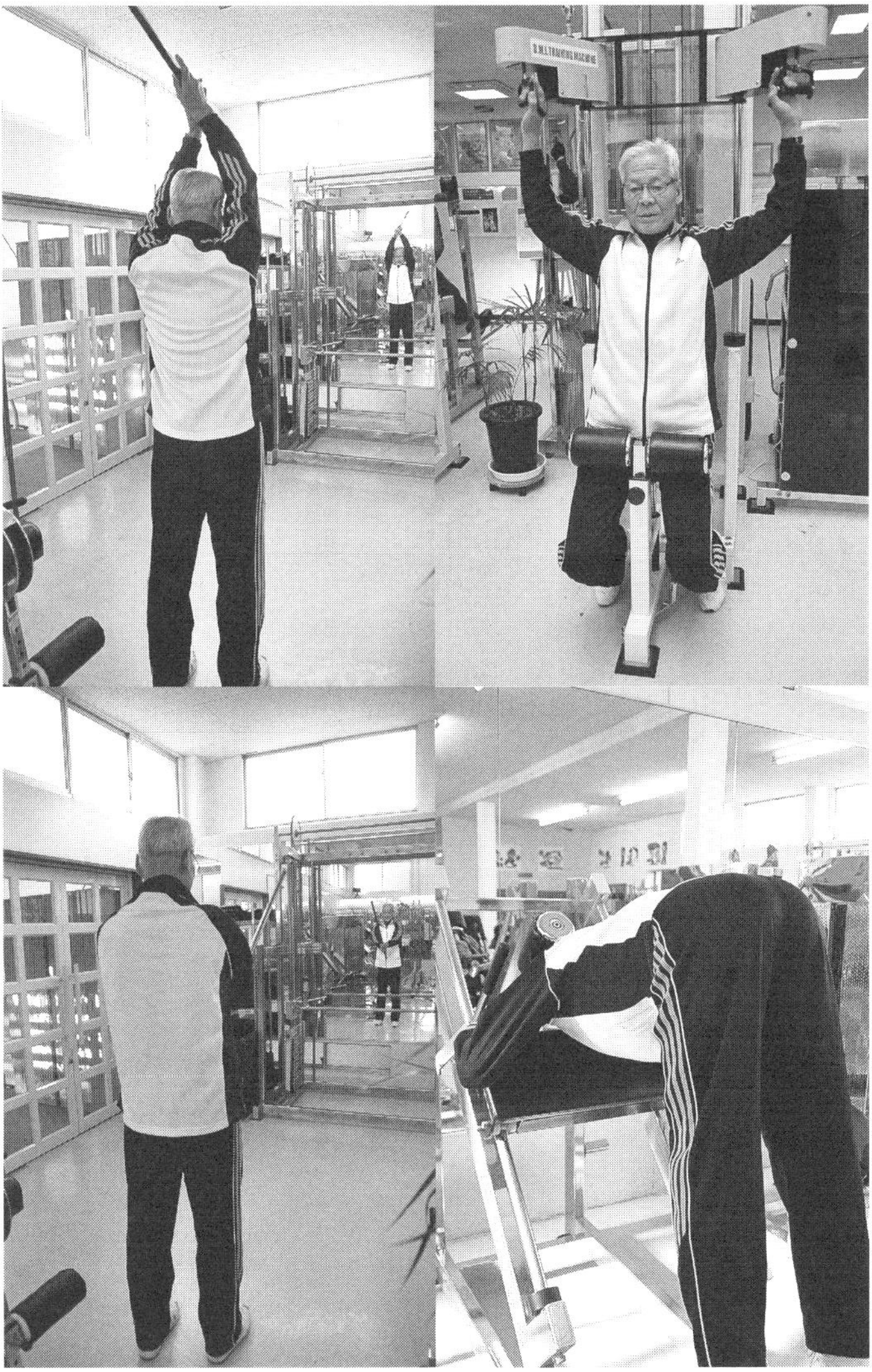

撮影協力／ワールドウイングジム

食事・睡眠

## 脳の活性化に大事な食事と睡眠のタイミング

人間の活動の源は全て食事として体に取り入れられる。食べ物の内容・バランス・量を考慮するだけでなく、運動と食事のタイミング、睡眠と食事のタイミングも大切です。

脳のエネルギー源はブドー糖とケトン体です。通常八〇パーセントはブドー糖に依存していますが特に飢餓時などブドー糖が不足してくるとケトン体の依存度が増加します。脂肪酸は脳血管関門を通ることはできませんがケトン体となってエネルギー源となりうるのです。脳の活性化のためには脳の血流と酸素を運ぶためのヘモグロビン量の維持も考慮されなければなりません。詳細は専門書をお読みください。

基本の大切さ

## 常に正しい打ちができるよう繰り返して脳にインプット

剣道では基本が大事です。基本の動きが脳にインプットされ、正しい打ちの動きが脳の神経伝達経路に出来上がるまで続けることで、いつでも正しい打ちが発揮できるところまでいかなくてはなりません。正しい打ちとは一番単純な竹刀の経路をとった動きです。最短距離と言ってもよいでしょうが、打ちの強さを発揮する円運動の大きさを必要とします。

複雑な打ち、迷いのある打ち、意図をもった打ちは神経伝達に余分な経路をとり、それだけ反応時間がかかります。余分な力みのない自然な打ちは見ていても美しいものです。誰でも最初の基本は足運び竹刀振り等基本として習っています。そのうち次第に我流が忍び込み、癖となって最初習い覚えた動作と違ったものになっています。相手を前にしてもやはり最初と同じ動きができることを想定してみてください。無駄なく機会をとらえて発揮される美しい打ちは誰でも理想とするところですね。

気を合わせる剣道

## 剣道は対話。
## 対話を楽しむ余裕があると楽しくなる

剣道の場で相手と対峙する時、お互いの気持ちはよくわかるものです。終わって気持ちがよかったと思える剣道があります。それはお互いの気持ちを読み合い、お互いを大事に思っていることがわかるような相手と稽古した時です。

剣道は「竹刀を通じた相手との対話である」といいます。対話には先ず挨拶があり、話の緒があり、本題に入り、そして最後の結論を出します。剣道の場で短い付き合いにしても対話を楽しむ余裕があると剣道は楽しいものとなります。

敵（かたき）を目の前にしたように相手を打つことばかりに逸ってくる人にはかないませんね。まして騙し討ちなどもっての外。「どうぞお好きなように！」という気持ちなります。しかし打たれてばかりはいられませんから勿論打ち返しますがね。

矢野一郎範士は講演で「剣道の六段階」といわれています。

①当てる②叩く③打つ④切る⑤押える⑥忘れる

①は偶然。②は「刀の物打ち」の観念がなく、手の内が効かない。③は試合のような打ち。④は打たなければならない時のみ打つ（無駄、無理、無法がない）。⑤は相手に技を出させない。⑥は相手に敵対する気持ちさえ起こさせない。全日本選手権大会は③の段階、八段には④が必要です。天狗芸術論「猫の妙術」を思い起こしますね。

## 融通無碍の剣道

# 二元思想より一元思想。相手との調和に主眼を置く

相手を敵と思えば敵も我を敵と認める。そこには闘い（二元）が生れる。敵と思わなければ相手も敵としない（一元）。生きたいと願えば死が怖いものとなり、自己を殺す。生死を区別するから（二元）、死にたくないと望む。試合に勝ちたいと思うから（二元）、負けた時の恐れを感じて固くなる。すべて捨ててしまい、結果を恐れなければ（一元）自由自在となり技に優れれば勝ちとなる。負けは技に劣ったためとして教訓としてありがたく思える。

戦国の兵法家・塚原卜伝が「もののふの学ぶべきものはおしなべて、その極みには死のひとつなり。」と述べているとおり、死こそ乗り越えるべき最大の課題であります。生死を超えて命の根源を自覚した時、はじめて生きる道が開けていたのです。

さて、剣道の場でどのようになるのか？

来即迎、去即送、対即和、五五十、二八十、一九十、是をもって和すべし（鬼一法眼）。

今年百歳で亡くなられた石原忠美範士は「剣道は調和である」と表現されています。

稽古の流れの中にこそ剣道があります。水の流れのように清流は留まるところがありません。「一本取ったぞ！」という独りよがりの宣言が水の流れを止め、剣道はそこで終わってしまいます。打たれるもよし、打つのもよし。相手と自分の気持ちがピタリと一致したまま、留まるところなく続けられれば、最高の剣道といえるでしょう。ここにはもはや勝ち負けはなく、残心は問題となりません。

東洋思想の根源である物心一如の剣道はこのような剣道ではないでしょうか。二元の考え方が強くなるほど、勝ち負けにこだわる剣道になってまいります。一元の思想を取り戻すためには平素の剣道をこのように相手との調和に主眼を置いていかなければならないと思います。

人間形成の剣道

## 気持ちの読み合いを心がける

　気持ちの読み合いを心がけると人格形成につながる剣道になります。やたらと「打つぞ」ということではないでしょう。敵対の気分で相手の前に立つと相手も敵対の気持ちになります。気攻め、足攻め、剣攻めいろいろ自分の得意を使って相手に圧力をかけます。勿論相手も同じ思いで対してきます。ふたりの間の空気を練り上げて濃厚な空気としていくわけです。

　この気の変化を感知できればこれが打つ機会となります。例えば白板に書かれる一筆です。その墨の濃さ・字の大きさ・字体に応じる如く、先先・先・後の先として技を施していきます。攻められて打ちを出す、相手の打ちを出させるために待つ等は気を練り上げる行動を放棄した結果であり、これに耐えられなくなった方が負けるのです。

攻め合いとは

## 切羽詰まった息比べの状態。丹田力が発揮される場

攻め合いとは息比べといってもよいでしょう。呼吸を乱したほうが負けとなります。息を止めた瞬間、体は反応することができません。息はお互い相手に悟られないよう静かに吐き続けることです。切羽詰まった状態では絶対に息比べです。丹田力はここに発揮されます。

攻めとは心身を正し、自分の持っている気位が相手に放射し、それを相手が感じるもの。勿論技術としての攻めもあります。攻めたからといって一方的な打ちは成功しませんね。相手との協調がなければみごとな一本とはなりません。打突の機会はここにあります。

攻め合いでは丹田力が試される

自己発見の剣道

# 自分と周りのあらゆるものとの関係に気づき、感謝する

試合に勝つ、昇段するといったことは結果であって、相手と対峙し、純粋に自分自身を発見することを目的として剣道を楽しむことが大事です。

自己の発見とは、自分と周りのあらゆるものとの関係に気づくことです。少し自分を突き放してみると周りがよく見えてくるものです。同じことが剣道の場でもいえます。観の目付とはこのようなことをいっているのではないでしょうか。

自己の発見は哲学、心理学、宗教等多くの学問・芸術の目的です。私達は剣道を通して、すなわち「東洋の知恵」である体と心の働きを通して大きな課題と対面しているのです。

生かされている自己へ気付き、自分を生かしてくれている全てのものに感謝する気持ちを忘れないでください。

生涯剣道

## 自己能力を高め、生きがいがもてる

剣道は人生の一時期で終わるものではなく、一生を通して修行していくものです。自分の好まないところに取り組み、継続することによって知ることのできる最大の喜びがあります。

生涯を通して続けることは大変難しいことです。そのための手段として剣道には自分の修行過程を知ることのできる段・級審査制度があります。一つでも上の段・級を目指して日々努力を積むことができ、努力の結果がわかることは喜びであり、自分の成長を実感できます。全日本剣道連盟称号・段位審査規則にそれぞれの段位の付与基準がしめされています。段位が上がるにしたがって、技ばかりでなく、肚の座り方がしっかりとしてきます。

竹刀一本を持って相手を制禦する剣道には力を必要としません。従って、年齢・性別を問わず誰でも取り組むことができます。

高齢になり、社会の一線を引退した後、剣道に取り組む人が増加しています。社会生活で培ったいろいろな経験はその厳しさに比例して、気迫の強さになって表れ、また、不動心となって剣道に生かされています。体が動かなくなる分、心で制する本来の剣道ができるようになるものです。時間の有効利用と自己の健康維持としての意味がありますが、なによりも自己の能力を高め、生きがいを持って生活できることが大きいのではないでしょうか。さらに、剣道を通して若い世代と交流し、幼少年を指導することによって次代に剣道という日本古来の武道を伝える役目は大きいと思います。

女性の剣道

## 足さばき、竹刀の遣い方で男性を翻弄できる

戦後、剣道が復活して以来、女性剣士の増加には目を見張るものがあります。女性の剣道の特徴はスピードと力はないものの、粘り強く応じ技で相手を制御出来ることです。一時間くらい平気で試合ができることには驚きます。

女性の呼吸は胸式呼吸といわれますが、骨盤が前に大きく開いているゆえ腹式呼吸が楽にできているためと思われます。女性の剣道では自分の力に応じた重さの道具を使い、余分な力を抜き、足さばきを自由にすることが大切です。前後左右の足さばきと竹刀の遣い方によっていくら力の強い男性であっても翻弄できるでしょう。

思いやる剣道
## 惻隠の情が人類の共生共存を生む

剣道には相手が必要です。そのため、道場であれ学校のクラブであれ、同好の士の集まりであれ団体の中でやることが一般的です。自分の属する団体の中でお互い競い合い、切磋琢磨し、活動することによって自分の立場を知り、役割を知ることができるようになります。

剣道は竹刀で打ち合います。打たれれば痛い！　自分の痛みを知ることにより相手の痛みを実感できます。そこで相手を思いやる心「惻隠の情」を養うことができます。相手を打てるが打たない。相手の間違いを正すためにのみ打つ。殺し合うのでなくお互い生かしあう「活人剣」はこうして育まれ、人類の共生共存の思想に向かいます。

礼

## 尊敬と感謝の心を表わすもの

相手があればお互いの人間関係をよくするために礼が必要です。礼は頭を下げるだけのものではなく、相手を尊敬する心の表われでなければなりません。稽古・試合の相手は自分を高めてくれる者であり、尊敬と感謝の心を表現した礼が必要です。

稽古の始めと終わりには蹲踞して相手に対します。ここで相手と十分気を合わせます。相手への礼の気持ちを表わすと同時に、相手の気勢を読み取ることができます。韓国に行って剣道をすると蹲踞はなく、立ったままで始まります。生活習慣の違いでしょうが、相手の気持ちを読むことができません。相撲ではお互い十分腰を割って、両手をついて始まります。それと同じことですね。

感謝の心は相手だけに止まらず、自分を在らしめてくれる全てのものへの感謝の心を持つに至って本物となります。その結果、自分を取り巻く全てのものが明らかに見えるようになり、周囲のものと自分との関わりが見えてきます。「自然の子」として生かされている自分に気づきます。

礼はただ頭を下げるだけではなく、尊敬と感謝の心を表わすもの

心身一如

## 体の智恵としての自己実現となる

東洋思想では、いわゆる「身体の智恵」すなわち体を通して物事を会得する「体得」が尊重されます。体を動かすことにより心をコントロールする心身一如が体の智恵として自己実現、さらには「悟り」というレベルまで高めていくことができることを知っています。ここに至る過程で、大森曹玄師は「剣と禅」の中で呼吸と姿勢が大切であることを詳記しておられます。

### 無心の境地

## 本来自己の持つ能力の発揮

三昧の境地、ゾーンに入る、フロー、ＡＳＣといわれる無心の境地についてまとめておきます。

○本来自己の持つ能力の発揮
○真の自己への気づき
○生かされている自分への気づき
○自然を支配している隠された秩序への気づき
○全人的生き方
○健康の回復

形の大切さ

## 意識が拡大して心身一如に至る

剣道ほかほとんどの武道は「形」を修行します。これは体あるいは動作を一定の形にはめることにより、その形・動作が考えることなく自然に実施できるようになって、はじめて心身一如の基本的な構えを保てるようになります。「守破離」はこの過程をいうのです。「離」に至って本当の自由を得ることができ、自由自在にふるまいながら、なお、本来の美しさをとどめる。このような普遍的な美は誰が見ても納得できるものです。華道、茶道、その他の芸道でも同じですね。この方法は座禅でも同じで、身体を通して普段気づかない自然の法則に気づきやすくなるという意味において意識の拡大と考えられます。意識が拡大して心身一如に至る過程において、先ず体を整え、呼吸を整えて心を整える必要があります。

私は国際社会人中国クラブの稽古会・形の稽古において打太刀が速さを変えたりあえて順序を変えて、いろいろ変化をつけ、演武させています。仕太刀が打太刀の変化に合わせられるよう指導しています。心を真中に置き、偏らないことを会得するためです。

活人剣
# 稽古は相手の力量に応じて少し上の位で

剣道は、相手を「如何にして打つか」、ということが課題です。しかし、「切る」という段階になると、「如何にして打たないか」が課題となってきます。打つべきところは一刀のもとに打つ。そこには無駄はありません。刀でいえば、一刀のもとに切り殺すということになります。同じ殺すなら、苦しまないように瞬間に生と死の境界を超えさせる。これは武士道における惻隠の情の表現です。しかし、殺すことはやむを得ない時の最後の手段です。それよりも、如何に相手を生かすか。生き方を指導するのが剣道です。

私は八段となった後、八段にふさわしい剣道ができなくて、たいへん悩んだ時期がありました。土・日曜日になると車で4時間かかる関西まで出かけ、高段の先生にかかっていきました。そんなある時、一人の先生から「それでも八段か！」といわれ、さらに必死にかかっていきました。その時、フッと無意識に面に跳び込んでいました。「それこそ百点満点の面だ」といってにっこり笑っていただきました。この一本の面によって、自信を取り戻すことができたのです。まさに、活人剣です。

柳生宗矩の言った活人剣は、自分から技はださず、相手を十分働かせることです。私は稽古において、相手の力量に応じて、少し上の位で相手をするよう心がけています。

持田盛二範士は相手の力量に応じて、少し上の位で遣っていたという。明治百年記念剣道大会（昭和43年７月21日　於：日本武道館）において掛り稽古の元立を務める

## 全て我が師匠
# 自分の接するあらゆるものが自分を導いてくれる師である

百四十億年前といわれるビッグバンに始まるこの宇宙は、シャボン玉の泡のように今なお膨張し続けています。泡の一つに乗った銀河系宇宙、その一隅に太陽系はある。地球からみていると恒星と言われる星はその名のごとく動かないのか？　地球は太陽の周りを回っています。同じように銀河系自体が渦を巻いて動いているということだ。

しかし宇宙の動きから見ると我々の時間はほんの一瞬でしかない故、止まって見えます。宇宙の星たちは生成・消滅を繰り返し、爆発した星は宇宙のかけらとなって宇宙空間をさまよい、やがて渦巻きの中に引き込まれていつのまにか集まりまた一つの天体としてまとまっていく。ここに新しい星が誕生するのです。

太陽は今煌々と輝いている。いつかは太陽も爆発消滅する運命にある。地球も運命を共にするのだが、実感として考えることもない。それどころか発達した機械文明は太陽の爆発を待つまでもなく、地球自体を滅ぼしてしまうかもしれません。

四十六億年前といわれる地球の誕生は宇宙の歴史の中では微々たるものです。最古の人類化石は二千五百万年といわれ、人類の歴史は悠久の宇宙の歴史からみるとさらにほんの一瞬のことです。道具を使い、火を使うことを知ったホモサピエンスは多くの生物の頂点に立ちました。人類はその歴史のなかで文明を発展させてきたのです。

ワットによる蒸気機関の発明がわずか三百年前なのだ。この間の機械文明はもとより、通信、交通手段の発達、理論科学の発達等には目を見張るものがあり、今や人類は地球を飛び出し宇宙までも支配する勢いを示しています。理論物理学は宇宙の構造まで探り出し、その構成物質を極微に至るまで探り出してきました。宇宙由来の有機物が生命を得て、人類に至るまで様々な組み合わせのもとに遺伝子を形作り、生物の頂点として人類を作り上げてきました。まさに一大傑作の誕生です。

その叡智は留まるところなく進んでいく。傑作であった人類の基本構造である遺伝子までも操作して新たな生き物を作り上げることも夢ではないのかもしれない。時空間を飛び出し、宇宙を自由自在に飛びまわり、他の生命天体との出会いもあるのかもしれません。まさにSFの世界です。しかし、一体我々の知っていることはどの程度のものであろうか。神々の世界から見ると、目くそ・鼻くその程度かもしれない。知らぬが仏という。

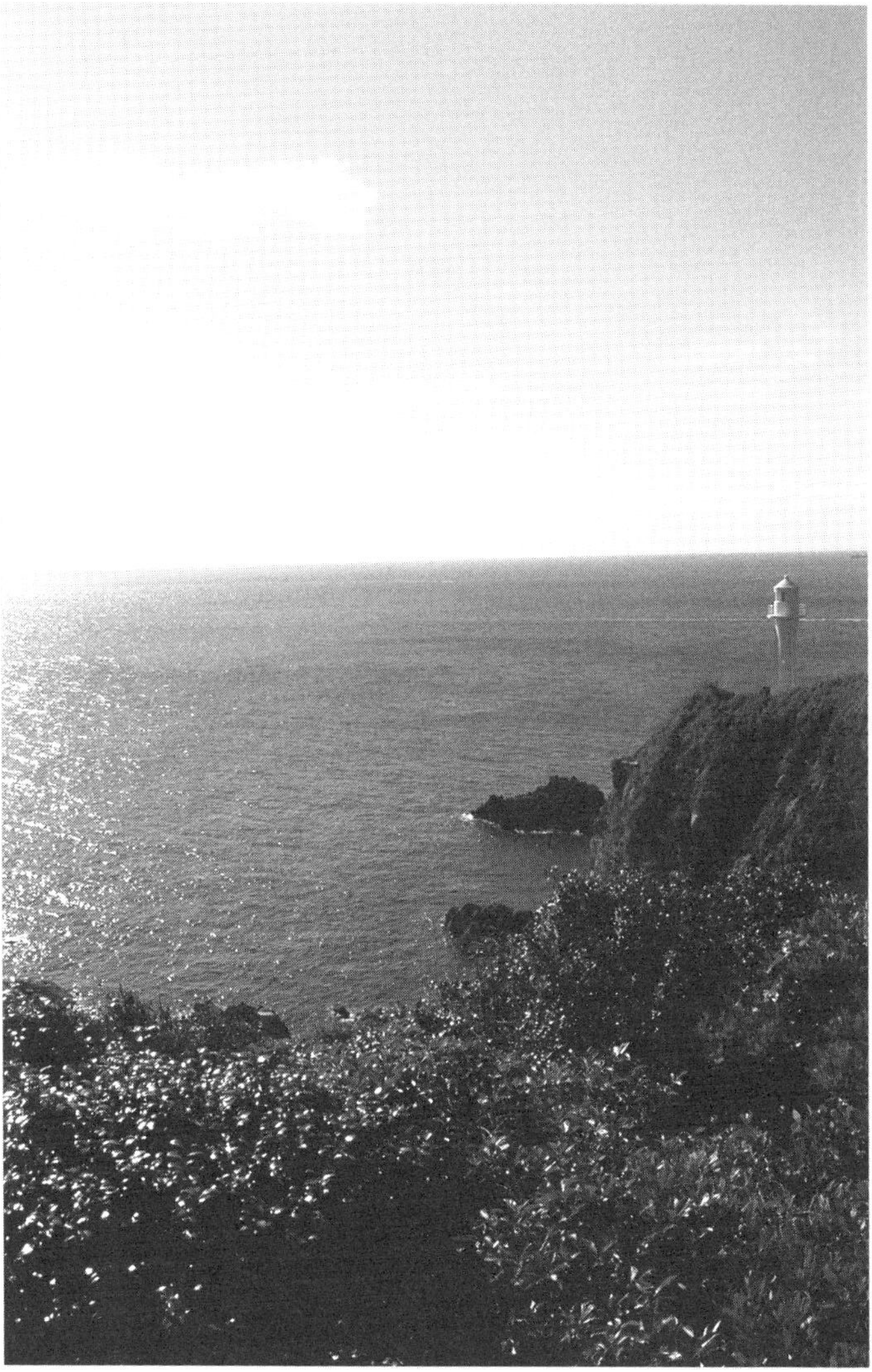

ふと振り返って人間世界をみるとき、人間の心は取り残され、人間はロボットのような無機質な生き物になってしまうような錯覚を覚えます。次第に増加する神経・精神疾患はその兆候であるかもしれない。人間が人間たる所以は心を持ち、考えることを知っているからです。人間の叡智は人類の滅亡から免れる道を探る方向に向かわなければならないのだが……。宗教はすでに力を失ったのだろうか。科学の進歩に先頭を譲ってしまったように思えます。それに換るものがあるであろうか。

東洋の「身体の智慧」を通して人間自体を変えていくしかない。何事も理屈で割り切り、理論を実証しなければ納得しない西洋思想は狩猟民族特有の考え方という。

一方、われわれ農耕民族である東洋人は、ファジーの部分を認める。自然の姿の中に宇宙のリズムを感じ取り、全てのものに神が宿り、自己も自然の輪廻の一部と感じ取っています。宇宙のリズムに身を任せ、命までその一部と考えることができます。果たして西洋文明に育った欧米の人たちがそれを理解するに至るのであろうか。

ある青い目の青年との出会いがありました。

山の雪もようやく溶け始めた三月、妻と国道九号線を車で京都に向かった。鳥取・兵庫県境のトンネルを過ぎたところでヒッチハイクの青い目の青年を拾った。二メートル近い大男で頭を剃り上げている。しっかりした目付きと端然たる姿勢を目にして、車を止めたのでした。近くには山の中に、厳しいことで有名な禅寺があることを知っていました。かつて、大学剣道部の後輩、医師剣道界の未来のエースとして嘱望されていた、故横関保彦君が参禅したことを聞いていたからです。

この青年が彼にとっては小さすぎる車の後部席に身を縮ませて乗り込んできました。拙い英語でなんとか意志の交歓ができたのだが、なんと彼は冬期三か月の禅寺修行を終えて、京都に帰るところだというのだ。五時間ほどのドライブの間に交わした話には驚愕しました。途中のドライブインでとった昼食は彼にとって禅寺のお粥一杯の食事後はじめての普通の食事でした。わたしたちがごちそうした和食を実に美味しそうにゆっくりと味わい、魚の骨一片さえも残しませんでした。理由を聞くと両手を合わせ、「命をいただいています」との返事。この言葉に私達は素直に頭を垂れたのです。

彼は、教師をしているイギリスの両親のもとを十六歳にして離れ、アメリカのハーバード大学に入学。十九歳の現在、既に大学院を、専門の理論宇宙物理学の課程を終えたとのこと。世界の秀才はかくあるのかと驚いた。その日の目的地京都には同じ道を志している我が二男が居るからです。但し、こちらは実験物理学で目的は同じでも手法は全く違うということでした。しかし本当に驚いたのはそのような世上のことではなかったのです。

宇宙物理学を極めて来ると、宇宙空間の構造が次第に明らかとなってきた。ここで気づいたことはこのような空間はすでに釈迦が仏典に書き残しているというのです。そして行き着くところは「空」。その「空」とは一体何か？　これを解き明かすために、禅寺に籠った、と言うのです。真実を追い求める科学者の心なのか、それとも人間の本来に気付いた故なのか判然としなかったが、若いとはいえ、その行動力に驚き、願わくは後者であってほしいと思ったのです。釈迦は現代の先端科学者をも驚かせる物の本質を見透す能力を獲得していたのだと思いました。

論語に次の言葉がある。「知之為知之、不知為不知、是知也」（知ったことは知ったこととし、知らないことは知らないこととする。それが知るということだ）。

謙虚に自分の知識を思うとき、世界の広さに、人間関係の大切さに気がつく。周りの人はすべて自分の知らないことをたくさん知っており、自分の経験したことのない沢山の経験を積んでいることに気がつく。自分の接するあらゆるものがありがたく自分を導いてくれる師であると感じられます。

すべてのものに感謝！感謝！

剣道修錬の心構え

## 剣道が目指すもの。それは人類の平和繁栄への寄与

剣道を正しく真剣に学び
心身を錬磨して
旺盛なる気力を養い
剣道の特性を通じて
礼節をとうとび
信義を重んじ
誠を尽くして
常に自己の修養に努め
以って
国家社会を愛して
広く人類の平和繁栄に
寄与せんとするものである

まとめ

## 剣道の果たす役割
## 人類を滅亡から救う人間育成

正しい剣道の裏に隠されている脳の活性化についてまとめてみます。

一　脳血流の増加による脳全体の機能改善
二　脳幹網様体・視床下部の刺激による意識レベルの向上
三　自律神経系のバランス改善
四　大脳新皮質の沈静化による脳全体のバランス回復
五　古皮質および脳幹の機能向上
六　左右大脳機能のバランス調整

このように人間にとって大切な脳の機能が正しい剣道によって改善されます。その結果、自己と自己を取り巻く周りの社会、さらに自分を取り巻く世界、自然との関わりに気づき、人と人の調和、人類全体の協調が大切なことであると知ります。

一人一人の人間が意識レベルを上げ、その影響を社会に及ぼすことによって、人種とか宗教の違いを超えて人と人が互に尊敬しあえる世界こそ、人類の滅亡から地球を救う道であり、剣道の果たす役割はこのような人間を育てることです。

西洋文化の基盤に立つ欧米の剣道愛好者に、剣道を理解していただくには、「剣道は日本固有の文化遺産である」という説明では納得していただけないと思います。二元論的な言葉でなく、二元論的にはっきりとした理由を持つ言葉で表現する必要があります。

医師である私は自分の領域の理解できる範囲で答えを見出さなければなりませんでした。剣道に内包する奥義は私の理解できる範囲ではありませんが、自分の能力の範囲であることをお許し願いたい。

本書が剣道の国際交流に少しでも役立つのであれば幸いです。

# おわりに

平成二十五年、赤穂の稽古始に参加しました。夕食の席で米倉滋氏（教士八段　徳島）前野頼彦氏（錬士七段　大阪）と「人類を滅亡から救う剣道とは何か？」という大変大きなテーマの話になってしまいました。この疑問に答えを求めて普段考えている私の剣道観をまとめてみました。三か月後、その結果を小冊子として自費出版しました。身近な方々に一読願い、多くのご教授をいただきました。

さらにこの内容を、日本武道学会・剣道分科会において発表するという機会をいただきました。海外の方から是非翻訳したものを作ってほしいとの要請を受けています。私の能力に余ることでしたが、今回追加加筆し少しはわかりやすくなったかと思います。

本書を書くにあたって、テーマを与えていただいた米倉滋氏、前野頼彦氏、貴重な書籍をご教示いただいた木谷直俊氏（教士七段　広島）、鈴木謙三氏に感謝申し上げます。また本稿を書くにあたって「初動負荷理論」に関する記述について、ご指導いただいた小山裕史博士に厚く御礼申し上げます。

本書を発行するにあたって、㈱体育とスポーツ出版社は快く出版に御協力いただきました。特に担当していただきました伊藤幸也様には多大なお世話になりました。ここに深く感謝申し上げます。

平成二十七年十月

参考文献

◆池見西次郎著「セルフコントロールの医学」NHKブックス◆鈴木大拙著・北川桃雄訳「禅と日本文化」岩波文庫◆鈴木大拙著・上田閑照編「東洋的な見方」岩波文庫◆新渡戸稲造著・矢内原忠雄訳「武士道」岩波書店◆阿部哲史　武道論集Ⅲ　グローバル時代の武道「剣道における国際化の諸問題」◆国際武道大学附属武道・スポーツ科学研究所◆オイゲン・ヘリゲル述・柴田治三郎訳「日本の弓術」岩波文庫◆井上正孝著「五輪の書」体育とスポーツ出版社◆中島義道著「哲学の教科書」講談社学術文庫◆池見西次郎著「肚・もう一つの脳」潮文社◆大森曹玄著「剣と禅」春秋社◆大宮司朗著「古武術と身体」原書房◆松村譲兒著「イラスト解剖学」中外医学社◆フロイド・E・ブルーム他著　中村克樹、久保田競監訳「新脳の探検」講談社◆篠浦伸禎著「人に向かわず天に向かえ」小学館一〇一新書◆有吉与志恵著「奇跡の呼吸力」ちくま新書◆三木成夫「生命とリズム」河出文庫◆小山裕史著「新トレーニング革命」講談社◆鈴木正成著「スポーツの栄養・食事学」同文書院◆石原忠美範士遺稿集◆石原忠美・岡村忠典著「剣道歓談」（円相の風光）体育とスポーツ出版社◆宮本武蔵著「五輪書」岩波文庫

**湯村正仁**（ゆむら・まさひと）

昭和16年島根県生まれ。昭和41年鳥取大学医学部卒業。医学博士。日本外科学会専門医・指導医。日本体育協会認定スポーツドクター。現在、鳥取県剣道連盟審議委員長、鳥取大学体育会剣道部師範、中四国学生剣道連盟名誉会長、NPO法人国際社会人剣道クラブ会長、(公財)鳥取県保健事業団参与。剣道範士八段。

**免疫力学力向上・老化予防**

# 脳《のう》を活性《かっせい》化《か》させる剣道《けんどう》



2016年５月５日　初版　第１刷発行

著　者　湯村正仁
発行者　橋本雄一
装　幀　篠崎武志
写　真　徳江正之
イラスト　宮本千浜
ＤＴＰ　株式会社タイト
発行所　株式会社体育とスポーツ出版社
〒101-0054　東京都千代田区神田錦町1－13 宝栄錦町ビル
TEL 03－3291－0911
FAX 03－3293－7750
Ｅメール　eigyoubu@taiiku-sports.co.jp
振替口座　00100－7－25587
http://www.taiiku-sports.co.jp
印刷所　三美印刷株式会社

落丁・乱丁本はお取り替えいたします。

ISBN978-4-88458-403-0 C3075　定価はカバーに表示してあります。